兒童諮商
實務導論
兒童EQ教育與社會技巧訓練

五南圖書出版公司 印行

序 言

　　兒童是我們未來的希望，也是社會最珍貴的資產。我們不但關切他們的智力發展（IQ），同時也關心他們的人際或情緒智力（EQ）的發展。人生充滿挑戰與壓力。我們要為兒童準備各種心理技巧，以因應日趨複雜的社會。

　　具高 EQ 的兒童，會察覺與處理情緒、控制衝動、有效的解決問題、有同理心並善於發展和管理人際關係。這些正是「社會技巧訓練」所強調的領域。另外，「自尊」對兒童的人際關係、心理健康與學業成就，有重要的影響力，因此「建立自尊」也是不容忽視的諮商主題。

　　本書分兩大部分，即【理論】與【實務】。理論包含六部分：兒童 EQ 教育與社會技巧總論、如何實施社會技巧訓練、情緒管理、有效溝通／人際關係、自我管理與建立自尊。實務包含四部分：「情緒管理」、「有效溝通／人際關係」、「自我管理」與「建立自尊」的諮商聚會的「活動學習單」與「作業學習單」。「學習單」是最適合國小階段兒童的諮商媒介（media）之一。兒童不適合傳統「晤談式」的諮商模式。

　　本書的特色就是每次聚會使用「學習單」，學習單上標示每次「聚會的主題」、「活動目標」與「活動過程」，這些有利諮商員或教師帶領團體，或個別諮商。為引發兒童的興趣，學習單上有「插畫」。為了達到學習遷移，每次活動後的「作業學習單」的實施是必須的。每一次諮商活動都設計有一個相對應的作業學習單。

　　筆者在 1998-2003 年間，接受「光寶文教基金會」的邀請，幫助臺北市的民族、胡適、文湖、光復、五常與麗山六所學校，給

　　該校的「認輔志工們」教導如何以「結構式小團體」實施「社會技巧訓練」。筆者希望能推廣到全國小學，以提升兒童的EQ——人際或情緒智商。因此有系統的將社會技巧的理論與實務整合成為一本很實用的小冊子。

　　本書可以當作大學教科書。對從事兒童工作的國小教師、社工人員，或在醫療機構的兒童工作者，也將提供他們在「個別」或「團體」諮商實務的協助。

　　本書的完成雖然耗費筆者很多時間。但付印倉促，錯誤還是難免，尚祈學者先進不吝指正。

黃月霞　謹識
於輔仁大學心理學系
民國 94 年 1 月

作者簡介

學歷

    國立台灣大學心理系畢業

    美國威斯康辛大學諮商與輔導研究所碩士

經歷

    私立輔仁大學專任講師、副教授、教授

    國立新竹師院兼任一學期

著作

    兒童輔導與諮商（桂冠）

    情感教育與發展性輔導（五南）

    團體諮商（五南）

    教導兒童社會技巧（五南）

    諮商導論（五南）

    兒童輔導與諮商—了解兒童、諮商服務、技巧訓練（五南）

現職

    私立輔仁大學心理系專任教授

本書簡介

　　本書是『理論』與『實務』兼具的書。對於兒童諮商主題—情緒管理、有效溝通／人際關係、自我管理（解決問題、作決定）與建立自尊，皆有理論的描述，根據理論設計完整的活動課程與活動說明。這些社會技巧活動課程是完整的，非舉出幾個實例而已。

　　為了使兒童達到類化學習的效果，在每一『活動學習單』後，皆設計相對應的『作業學習單』。學習單上附有插畫，凸顯活動的意義與趣味性。

　　本書不但對專業兒童實務工作者，對教師、父母也會有助益。他們可以『個別』或『團體』方式進行輔導。相信經過三十多次的諮商活動，會提升兒童的 EQ、與心理健康，進而增進學業成就。

目　錄

EQ 教育與社會技巧訓練

自我復原力、EQ與社會技巧

　　學校不但要注重學識的傳授，也要關心兒童均衡的發展，更要強化他們的自我復原力，以因應日趨複雜的社會。根據研究（Block & Block, 1980），具自我復原力（ego resilient）兒童，他們在發展解決問題上是機智的和具創造力的；在壓力下，維持建設性行為；能處理競爭性的刺激且能適應新情境。因此我們要加強兒童的自我，如給予解決問題訓練、提高他們的自尊等。

　　Warner（1989）對亞洲及坡力尼西亞的698個兒童，作有關壓力事件的影響的縱貫性研究（從出生到30歲）。他確認其中72個為具有復原力兒童。這些兒童表現出好的解決問題能力和溝通技巧，善於交朋友，彈性和獨立。到青春期，他們表現內控的、較高的自尊和內化的價值。他們是成就取向的、社會成熟和照顧人的。且這些現象似乎在學前期就出現。

　　其他有關復原力的研究，也指出具復原力的年輕人比較善於與他人建立關係，建立社會網絡，並發展社會能力。換言之，他們的人際或情緒智商（EQ）有較好的發展。因此，我們要使兒童能有效的因應日常的壓力，成人不僅要關心他們的智力（IQ），更要關心他們的情緒智力（EQ）的發展。人際或情緒智力包括下面五大主要範疇（Goleman, 1996）：

- ‧自我察覺——察覺你正在感覺什麼？
- ‧管理情緒——適當的處理情緒，包括在壓力的情況下。
- ‧自我動機——為達到目標需要控制自我的情緒和衝動。
- ‧同理心——察覺和解釋他人的情緒。
- ‧社會能力——發展關係和管理與他人的關係。

　　以上筆者認為是社會技巧訓練的部分範圍，它還必須包括教導兒童如何解決人際衝突，如何以正向的想法與自我語言，替代

不合理和自挫的自我對話，以減少衝動行為。因為認知、情感和行為是相互關聯的。兒童和青年人，惟有發展這些技巧才能有建設性的管理壓力，而使壓力的危害減到最少。

雖然學校承認兒童社會化的重要性，但是學校一直未正式設計社會化課程，更遑論普遍化實施以達到兒童社會化目標。「自我的強化」和「關係的強化」是大部分社會化課程所要達成的兩個重要目標。自我強化的重點在於提升自我概念，而關係的強化的重要內容為「同理心」和「溝通技巧」。而這兩種目標會相互影響，即良好關係會提升自我概念，反之亦然。

輔導工作近二十年來的發展趨勢有：(1)重視發展、教育和預防，(2)重視技巧訓練的調適，和(3)重視「諮詢員」的角色，即學校輔導室要扮演諮詢員的角色——負責策劃，訓練教師，再由教師負責各班的輔導工作。如此，才能促進學生各領域的最大發展，進而達到預防問題行為的產生。

個體「不良適應」行為，或「功能不良」，皆可從個體的發展過程受到阻力，或缺乏社會技巧來解釋（Lazarus, 1982; Gazda, 1989）。由此可見，無論是矯治性，或預防性的輔導計畫，皆要以個體的發展狀況為基礎。

兒童和青少年的內、外向偏差行為都可能與缺少社會技巧，和自尊的低落有關。社會技巧——人際問題解決與自我管理訓練，以及自尊的提升，是有效的輔導策略（Nelson et al., 1996）。

溝通技巧是社會化課程的重點，也是有效生活的重要技巧。它能增進兒童的人際關係。但是不論在家庭或學校，兒童都缺乏這種教導或訓練。為了增加兒童的人際功能，提升他們的心理健康，以及預防人際問題的產生，學校必須重視兒童社會能力（social competence）的強化工作。

1 社會能力的建構

　　Merrell（1994）認為社會能力是複雜的、多向度的。它包括，行為的、認知的和情緒的三變項。有趣的是，社會能力與友伴關係問題，和特殊社會技巧的匱乏是有關聯的。Gresham（1986）認為社會能力包括三個次領域（subdimension），即(1)適應行為，(2)社會技巧，和(3)友伴關係。以下是其圖式和各別領域的說明：

　　　　　　　　　88社會能力的次領域

適應行為

　　適應行為是指個體滿足「個人獨立」和「社會責任」的標準程度或有效性（Gressman, 1983）。適應行為，即責任和社會的期待會因年齡而有不同（Reshly, 1990）。因它也受到文化、次文化和環境的影響，即適應行為會依文化的不同，而有不同的期望和要求（Reshly, 1990）。

社會技巧

　　Merrell（1994）認為社會技巧是指行為者的一些具體行為，這些行為導向被期望的社會結果。同時會使別人對他的增強增

加,並減少對行為的處罰或消除的可能性(Greshem & Reshly, 1987)。一般而言,社會技巧是學來的、是為社會接受的行為。 Morgan(1980)認為社會技巧不僅涉及起始和維持與他人正向互動的能力,且包括達成與他人互動的目的──愈能達到互動的目的,就被視為愈有技巧的人。另外一些學者提出下面的觀點:

- 社會技巧是複雜的能力,其行為反應能受到正增強,而不受他人的處罰或消除的行為(Libet & Lewinson, 1973)。
- 社會行為涉及到兒童與同輩、成人互動,透過正向交流達到雙方的目標(Cartledge & Milburn, 1995)。
- 社會技巧是人際關係技巧。

友伴關係

雖然友伴接納(常被稱為友伴關係)是社會能力的第三種次領域,但是它常被視為社會技巧的結果或產物。因為友伴關係的建立要依賴好的社會技巧。正向的友伴關係和友伴接納,以及負面的友伴關係和友伴的拒絕是有關聯的。

總之,友伴關係是兒童生活中最重要的項目之一,並有助於兒童的學習。社會技巧能幫助兒童被友伴接受。退縮或攻擊的兒童常為友伴所避開或不與他們交往,因而喪失從社會經驗中學習社交技巧的機會(Combs & Slaby, 1977)。社會能力使兒童易被他人接受,被接受也會發展更強的社會能力。

社會能力的評估方法

五種一般的評估方法皆可用在社會技巧和友伴關係的評估。直接的行為觀察和行為評量法較易被使用在學校和臨床實務上。社會計量法一直被使用在社會技巧和友伴關係的研究上,但是以

日常使用上而言，它較有限制。晤談法有希望成為社會能力的評估，但一般常使用在其他的目的方面，使用自我報告以評估社會能力是相當新的努力方向，確顯示出成功的希望（Merrell, 1994）。

直接的行為觀察

Elliott 和 Gresham（1987）認為，使用行為觀察法以評估社會技巧，他說「在自然環境中分析兒童的行為——是評估兒童社會技巧最合乎生態的正確評估」（p.96），臨床師或研究者都必須熟悉直接的觀察技術以做正確的評估。

晤談技術

以晤談技術的性質而言，社會技巧和友伴關係難以透過晤談技術來做評估。想在晤談中獲得個案的社會技巧或友伴關係資訊，臨床心理師完全依賴主觀的和難以驗證的個案的，父母的或其他提供資訊者的報告。Elliott 和 Gresham（1987）注意到，雖然行為晤談法可能是使用在調適的初階段，但是一直無法作為社會技巧的系統方法。

與兒童做角色扮演，加上仔細觀察個案的行為，可能獲得一些有用的社會技巧資訊。在一個結構的模擬情境，臨床心理師可能獲得（從晤談中直接觀察）一些重要社會技巧，如，眼睛的接觸，進入交談，處理友伴的壓力或困擾，要求協助，和恭維他人或接受恭維。社會技巧在角色扮演中的觀察相當容易：晤談者僅需要設定形式和期待，然後觀察個案在設定角色中的表現。例如：

讓我們假設，我是你們學校中的一個兒童，而你要和我作朋友，我表演坐在餐廳椅子上，我要你走向我，和我談話。好！現在我們試試看。

　　從角色扮演中可以發現兒童所缺乏的技巧,以及它如何影響友伴關係。透過此過程不但蒐集好的評估資料,而且也有助於設計適當的調適計畫。

行為評量表

　　直到1980年代中期,大量的「行為評量表」發展出來,作為各種行為問題,或行為問題的特殊向度的評估,例如,過動兒。但沒有特殊設計的評量表以評量社會技巧或社會能力。過去的十年中,在學校,評估社會技巧引發很大的興趣,並提供它來訓練學生的社會技巧匱乏。這種劇增的興趣刺激了行為評量表的發展(Merrell, 1994)。

社會計量法

　　社會計量法對評估社會技巧和友伴關係是有用的方法,尤其用來篩選。社會計量法較少直接評量社會技巧,而較常用來評量友伴關係,但是友伴關係和社會技巧有關聯(Hartup, 1978)。其實這兩種有交互作用。一方面,友伴關係被視為是社會技巧的結果——因為個體愈有高程度的適當的社會能力,就愈有能力發展正面的和滿足的友伴關係(Gresham & Reschly, 1987a)。另方面,某程度上而言,社會關係是社會技巧的決定因素——社會學習過程涉及到友伴關係,而此關係有助於社會技巧的發展(Hartup, 1978, 1983)因此這兩種社會能力的次範疇是複雜的,且最好被描述為一種相互影響和互惠的關係。

　　總之,社會計量法是一種由來已久的,且實際上已證明是評估友伴關係的方法,同時也具間接正確性,可以評估社會技巧。實際上任何社會計量法對臨床心理師或研究者是有用的。

自我報告的評估

目前，發展自我報告評估工具以評估社會能力做得很少。唯一可獲得的是 Social Skills Rating System——這個合乎標準化的心理測驗，且具有效標、可適用於學生的工具。總之，近來各種衡鑑方法發展快速，這對於兒童社會技巧評估相當有用。另外，要特別指出的一點是，每種衡鑑工具皆有其優點與限制。因此，不論是教育性的，或臨床性的處遇（treatment），社會技巧評估應考慮多角度評鑑模式。

3 社會技巧訓練定義、實施機構與對象

社會技巧訓練已經變成 1980 年代所有技巧訓練的總稱（Gazda, 1989; Vander Kolk, 1985）。構成社會技巧訓練的具體方法反映今日心理學的「社會學習理論」，和今日「教育學」上的教授原則和方法（Goldstein, 1981）。這些定義的特性與各種心理的和教育的調適計畫一致或相當類似，例如：生活技巧（Gazda, Childer, & Brooks, 1987）、結構性學習（Goldstein, Sprafkin, & Gershaw, 1976）、親子溝通技巧（Teskelson, 1976）、有效的溝通（Rhode, Rasmassen, & Heaps, 1971），以及溝通訓練中的解決問題。

社會技巧訓練可描述為：基於事先安排好的「主題」或一系列主題，目的是為改善目標母群的「人際功能」的一種「調適方法」。此定義強調三點，首先是強調逐步的、漸近的從簡單到複雜反應的教導。第二，此定義強調「計畫」的事先安排。計畫包括具體主題（Topics），同時，經過正式的診斷過程後提出符合母群的需求和特徵的技巧訓練計畫。第三，此定義承認大部分的技巧匱乏是人際的（interpersonal），因此這些匱乏常表現在與人互

動上，為此我們需要個體學習新技巧。希望透過學習新技巧去干擾一些以往不適當的，或不良的技巧，並透過練習，甚至過度練習新的、較合適的，和更好的技巧（Labate & Milan, 1985）。

有效和有用的教導或訓練必須具備的三要素

1. 我們必須幫助兒童清楚的了解，社會的適應性行為是什麼（構成要素）。
2. 我們需要幫助兒童，如何使用適當的社會技巧。
3. 我們需要幫助兒童「練習」並「類化」所學的技巧，到他們日常生活中的各種社會情境。

★ 為達到上述的三項要求，最好合併使用【團體】和【個別】輔導或諮商。

★ 團體提供兒童確認，和討論可接受和不可接受的社會行為。同時在團體內練習新行為。

★ 個別輔導（諮商）時，我們可以使用這些活動幫助兒童，探討他目前的行為和他們行為的後果，去認識可行的行為，並對未來的特殊社會情境如何作反應、作選擇。個別輔導，讓兒童有機會檢視他自己的選擇和反應，而不屈服於他人的壓力。每個兒童是不同的，每人有其獨特的社會環境。一旦他們選擇了使用適當技巧在特殊情境，此時，我們要幫助他們設計行動計畫。在此計畫中，兒童需要決定使用所選擇技巧的最好時機。也就是類化所學的社會技巧於他的各種社會情境。

社會技巧實施機構與適用對象

社會技巧訓練或教導的基本前提是，個體在其行為庫內缺少

社會技巧，以作適當的反應，而使用不適當行為作反應。社會技巧訓練可用於「個別」或「團體」，且它不但用於正常個體，也可用於失功能的人，如社會孤立的兒童，精神失常者，其範圍摘錄如下：

- 問題兒童與青少年：包括，外向性（攻擊）與內向性（退縮）行為偏差者。
- 慢性精神病病患（psychiatric patients）。
- 焦慮症或精神官能症（neurotic）——焦慮症、憂鬱症等。
- 智能發展遲滯者（mentally retarded individuals）。
- 藥物濫用與酗酒問題者（substance abuse）。
- 肢體殘障者（handicapped children）。

其實施機構包括：

- 醫療機構。
- 矯治機構。
- 社區心理衛生機構。
- 教育（學校）機構。

社會技巧最初的實施對象是慢性心理疾病病患，尤其精神官能症，與矯治機構的藥癮、酒癮者以及智障與肢體殘障者，後來推行到學校的正常學生和技巧匱乏的行為問題者（Sprafkin, Gerhaw, & Goldstein, 1993）。因此社會技巧實施的機構，從精神疾患醫療機構、社區心理衛生機構、矯治機構到教育機構。其目標可以是矯治性和教育或發展性。根據調查，社會技巧訓練已變成美國國小諮商員最關切的輔導活動。

4 社會技巧包括的領域

哪些社會技巧最重要而必須教導給兒童呢？在不清楚該教什麼時，社會技巧的分類學或量表可協助實務者從眾多的社會行為

中縮小其範圍。由於很多的變項影響社會技巧的選擇，因此很難找到一種量表滿足某一兒童或特殊團體，同時，有時需要增加一些行為或刪除與某兒童無關的，或不合其社會情境的。Wood（1975）為情緒困擾兒童設計一套社會技巧課程。Stephens（1978）和 Walker 等（1983）為小學兒童設計社會技巧課程。這些學者所提出的社會技巧清單雖有不同，甚至為不同母群（對象）所設計的課程仍存有很多的相似性。所描述的廣泛社會技巧都包含某程度的「情感」、「行為」和「認知」三向度。

情感和認知過程愈來愈被視為社會功能的重要決定因素。在發展與使用社會技巧時，這兩者是必須加入的元素。情緒和認知過程兩者密切關聯是明確的。從某觀點而言，情緒的表達是認知過程的結果，但有學者也認為情緒反應是獨立事件，與認知前序無關（Lewis & Michalson, 1983）。社會技巧常指具體的外顯行為，但外顯行為的表現常受到內在情感與認知過程的促進或阻礙。情感、認知與行為是相互影響的。它們三者非直線關係，而是動態的、連續的互動關係。因此社會技巧的構成要素必須包括情感、認知、行為三向度。

(1)與「情感」有關的社會技巧

雖然情緒或感覺是內在事件，難以評估，除非透過外顯的行為來表達，情緒與它們的表現在社會技巧訓練占重要角色。Izard（1977）界定某些情緒（有趣的、興奮的、喜悅的、驚奇的、苦惱的、生氣的、憤怒的、討厭的、害怕的、恐怖的、羞愧的、害羞的和罪惡感的）為基本的情緒，這些情緒合併成其他的情緒狀態（焦慮、憂鬱、愛、敵視和怨恨）一些不良行為是情緒狀態的表現，如生氣的暴力表現，表示需要社會技巧訓練來教導以另種行為表現生氣。又如恐懼、焦慮和害羞的結果可能干擾到學習和社會行為的表現。與「情感」有關的社會技巧如下：

- 確認感覺和表達情緒。
- 以可接受的、適當的方式表達各種感覺。
- 同理心。

與情感有關的社會技巧，如「確認感覺和表達情緒」以社會技巧訓練處理情緒最基本的層次是，確認並標示自己與他人的情緒。最後的目標是學習在各種情境以適當或可接受的方式表達各種感覺。另外，在最近的社會技巧文獻中，「同理心」的情感向度已受到廣泛的注意。同理心是有能力去經驗他人的感覺。同理心對建立友誼並維持友誼，以及解決人際衝突是重要的。

Feshbach 等（1983）指出下面同理心的重要元素：

1. 辨識和區分感覺：有能力使用相關訊息（肢體語言）去標示和確認情緒。
2. 透視和角色替換：有能力了解、解釋他人如何看情境；有能力去假設和經驗他人的觀點。
3. 情緒反應（responsiveness）：有能力去經驗和察覺他自己的情緒。

具體而言，社會技巧的情緒面是，教導兒童去確認和標示他們自己的情緒，辨識和標示他人的情緒，最後目標，是學習適當或可接受的方法表達各種感覺。在人際情境能適當表達感覺是不易的與複雜的，它涉及到不僅要有能力確認自己的感覺，還要有能力控制和選擇各種行為反應。後者更涉及到情緒、認知，和行為的互動。

(2)與「認知」有關的社會技巧

Cartledge 和 Milburn（1995）認為社會技巧訓練的重要認知技巧包括：

- 社會知覺。
- 問題解決。

- 自我一教導。
- 認知重建。
- 自我一監視、自我一評估，和自我一增強。

社會知覺

　　社會知覺指個體有能力知覺情境並依據他人的回饋變化其行為。它是社會技巧的重要先決條件，此涉及到情感與認知元素。如上節的說明，確認、標示、角色替換或同理心是重要的。而有能力從他人的非語言線索——聲調、姿態、面部表情和語言內容，推論他人的感覺和思想也是重要技巧。研究顯示，兒童能透過系統的訓練，增加他們了解他人的感覺、想法和觀點。

問題解決

　　教導兒童問題解決是重要的。此技巧常被列入兒童的健康教育課程中。與認知有關的社會技巧，如「問題解決」——教導兒童在人際衝突中解決問題。Goldstein、Carr、Davidson 和 Wehr（1981）強調解決問題能力對良好的心理適應是重要的。教導兒童在與人衝突時不以失功能的方式去反抗，或訴諸不為社會接受的攻擊行為去解決問題。兒童有問題時，如憂鬱或攻擊，他們在問題情境時難以想出有效的其他反應。

　　訓練問題解決不同於訓練可觀察的社會技巧。它強調找到答案的「認知過程」，而非一種具體行為或方法。其重要步驟如下：

- 面對一個問題。
- 提出各種解決方法。
- 察看各種方法的後果。
- 比較好處與壞處。

・選擇一種方法。

自我—教導

「自我—教導」和「自我—控制」是社會技巧的另一種認知領域。行為受到內在的「自我—對話」（教導）所指引，其假設是很多行為受到內化的「自我語言」所導引。因此，改變「自我對話」可改變兒童的行為。教導兒童問題解決步驟可透過自我控制的「自我語言」以下是例子：

問題定義：「讓我看看，我應該怎麼做？」

問題途徑：我必須察看各種解決的可能性。

注意焦點：我最好專心，專注於我現在做的事。

選擇答案：我想就是這個……

自我增強：嘿！不錯。我做得好。

因應話語：喔！我錯了。下次再嘗試，慢一些、更專心些，可能會答對。

這種認知性自我控制技巧對衝動型、攻擊兒童是適當的，這些兒童需要學習「停—想」。但自我控制技巧較不適合焦慮、壓抑或憂鬱的兒童。反而他們較適合認知重建取向方法。

認知重建

與自我教導有關的認知訓練是改變失功能的自我語言。主要是指 Albert Ellis 認知重建理論。其假設是失功能的行為是由於不合理的信念系統。認知、情緒和行為是相互關聯的，困擾的情緒是由不合理信念導致。

下面是一系列兒童不適當的信念，它們常導致兒童情緒困擾或不快樂。

・父親打母親我應該負責。

・我不好。

・我太小，所以不可能控制行為。

・男孩比女孩好。

・弟弟跟我有不同的對待是不公平的。

・我調皮，這是為什麼媽媽不愛我。

・我是不可愛的。

・你必須是受歡迎的。

・父母離婚是因為小孩不乖。

・我的父母應該從不處罰我。

・我不應該哭。

・我應該總是勝利者。

・我必須永不犯錯。

・你必須保持不生氣。

下面是挑戰不當或自挫信念的步驟：

1. 反映給兒童他目前的信念是什麼。

2. 核對信念的正確性和信念從哪裡來。

3. 探討想法背後的邏輯性。

4. 幫助探討可能替代的信念。

5. 察覺構成信念資訊的錯誤。

6. 幫助兒童分辨誰負責該行為——他或其他人。

7. 以一種適當的信念替代不當的信念。

　　除了挑戰不適信念外，還有兩種有用的技巧，即改變兒童對其情境知覺的方式和正常化兒童的經驗（reframing, normalizing）。換言之，接受其對世界的知覺並擴展其知覺，包括其他資訊，使其知覺更正確。正常化是指讓兒童知道，他的感覺、想法或行為類似於其他人，這對兒童是有幫助的。如：告訴他們，很多父母離婚的孩子也相信是他們的錯誤。

「自我─監視」、「自我─評估」與「自我─酬賞」

　　認知的自我控制方法可透過自我監視、自我評估與自我酬賞
而達成。自我監視是指有能力去觀察、記錄和報告自己的行為。
有資料顯示，僅僅自我記錄的行動，不論正確與否都能有效的改
變行為（Nelson & Hayes, 1981）。當改善行為的動機被引發後，自
我評估是最有用的（O'Leary & Dubey, 1979）。自我酬賞是當行為
達到標準時就酬賞自己的過程。自我監視、自我評估和自我酬賞
對維持社會技巧是重要的。

　　總之，社會技巧的領域一般都包括：情感、認知和行為等三
種向度。Sprafkin、Gerhaw 和 Goldstein（1993）為心理疾病病患所提
出的社會技巧課程包括：「溝通技巧」、「感覺處理」、「自我
肯定訓練」和「解決問題」等四大技巧領域，並將其分成二十七
種次技巧。Geldard 和 Geldard（1997）認為兒童的社會技巧訓練包
括三方面：(1)「確認和表達感覺」，包括：確認自己和他人的感
覺和表達感覺，(2)「與他人有效的溝通」，包括：交朋友、處理
被冷落和解決衝突技巧，和(3)「自我管理」，總共十八種技巧。

　　筆者（黃月霞，1993）設計的社會技巧──兒童溝通技巧課
程，也包括情感、認知和行為三大問題。具體而言，課程如：認
識並察覺感覺、表達感覺和情緒、察覺自己和他人的肢體語言、
傾聽和回饋技巧、衝突處理技巧、交朋友和維持友誼技巧、交談
技巧和尋找自己和他人的資產，總共十種技巧。

5 三種社會技巧訓練課程

　　上面已經提過，完整的社會技巧訓練必須包括：情感、認知
和行為三個層面。雖然其目標是以提升人際功能為主，而人際技

巧的匱乏是最普遍的。但是情感層面也會影響人際的適應，因為人類的基本心理功能：行為、情感和認知是相互影響的，改善一種會同時修正另兩種。雖然社會技巧偏向行為層面，但是行為表達受到情緒與自我控制的影響。例如：已學會如何適當的與人打招呼，但他正在氣頭上，就必須先處理情緒，並克制自己，才能好好與人打招呼。

社會技巧訓練課程(1)

本社會技巧訓練課程是由 Geldard 和 Geldard（1997）所提出的。它包括三個主要領域：(1)確認與表達感覺，(2)有效的溝通，和(3)自我管理。每一項重要領域又分成三個次要領域，每一個次要領域由二個「活動學習單」練習達成其次領域目標。筆者將它做些修改，主要領域是課程的「一般目標」；次要領域是「具體目標」，「學習單」等於是諮商聚會活動。

社會技巧訓練活動表(1)

主要領域 （一般目標）	次要領域 （具體目標）	活動名稱 （單元名稱）
確認與表達感受	學會確認自己的感覺	(1)找一個感覺 (2)因應焦慮、煩惱
	學會確認他人的感覺	(1)猜猜他人的感覺 (2)你的身體語言
	學會表達感覺	(1)火山 (2)因應恐懼
有效的溝通／人際關係	學會交朋友	(1)交談的話題 (2)？？問題？？
	學會處理被冷落	(1)因應被冷落、被拒絕 (2)因應閒言閒語
	學會解決衝突	(1)打架 (2)退縮，攻擊，自我肯定

	學會冷靜下來	(1)三思而後行
		(2)選項與選擇
自我管理	學會評估後果	(1)假如─然後─但是
		(2)犯罪與處罰
	學會維護你的權利	(1)適當的說「不」
		(2)酬賞你自己

*本資料改編 Counseling Children (Geldard & Geldard, 1997)
*實施對象：正常兒童，或社會技巧匱乏的兒童

　　「一般目標」、「具體目標」和「活動」三者是有關聯的。換言之，活動是為達到具體目標，而具體目標是為達到一般目標。因此在帶領活動（不論個別或團體）時要把握活動的目標。其插畫的活動學習單較吸引兒童的興趣。插畫也可以有變化，並不一定要照原作者所設計的，重要的是要把握其要達成的目標，即依具體目標而設計活動單元──為最重要的原則。

社會技巧訓練課程(2)

　　此課程由 Sprafkin 等（1993）所提出，它包括：「基本社會技巧」、「處理感覺技巧」、「自我肯定技巧」和「解決問題」技巧等四大領域，總共二十七種技巧。筆者認為這四大領域也可稱為課程的「一般目標」。每一領域又分成若干次領域──具體目標，此社會技巧課程的實施對象是為心理疾病病患，身心殘障，毒癮，酒癮等特殊對象，因此其技巧分得較細。

　　課程訓練過程強調結構性學習。每次一種技巧，每次聚會過程皆分下列步驟進行：(1)說明技巧的重要性，分解技巧為幾個步驟，(2)示範──由領導者，(3)角色扮演，(4)練習──（演練情境分為家庭、診所、工作場所有關的實例）和(5)家庭作業。詳細內容請參閱 Sprafkin 等（1993）的書。

8-8 社會技巧訓練課程活動(2)
技巧單（系列）

基本的社會技巧	1. 開始一個交談 2. 傾聽 3. 結束一個交談 4. 請求幫忙 5. 遵循指導 6. 給人恭維 7. 說「謝謝你」 8. 說道歉
處理感覺技巧	9. 表達你的感覺 10. 了解他人的感覺 11. 準備一個有壓力的交談 12. 對失敗的反應
自我肯定技巧	13. 維護你的權力 14. 協助他人 15. 給他人指導 16. 抱怨人 17. 回應被抱怨 18. 協議 19. 自我控制 20. 說服他人 21. 回應說服 22. 處理團體壓力
解決問題技巧	23. 安排優先順序 24. 作決定 25. 設定目標 26. 專注一件工作 27. 酬賞你自己

*資料來源：Social Skills For Mental Health-A Structured Learning Approach
　　　　　(Robert P. Sprafkin, N. Jane Gershaw, & Arnold P. Goldstein, 1993)
*實施對象：心理疾病病患、智能不足、酒癮、藥癮
*實施背景：社區心理衛生中心、精神醫療機構或醫院

　　雖然此課程的實施目的是為提升心理衛生，而實施背景為社區心理衛生中心、精神醫療機構，但還是可以為一般兒童，只是演練的實例加以改變——以兒童生活有關的事例為主。

範例

團體：基本社會技巧
技巧 I：開始交談

步驟	訓練者
1. 致候	選擇適當的時間與地點，說嗨！、握手
2. 閒聊	
3. 決定對方是否有意與你講話	觀察肢體語言、眼睛的接觸
4. 談到主題	此步驟用來引導較正式的交談
示範或演練實例	
A. 鄰居：將自己介紹給鄰居	
B. 家裡：晚餐時開始講話	
C. 診所或醫院：等待看診時與他人交談	

社會技巧訓練課程(3)

　　本課程是由筆者——黃月霞（1993）所設計。它的主要內容包括：有效的溝通、處理感覺和衝突處理。這是一個簡單濃縮的課程——因為總共的活動只有10次。本課程每次聚會的過程融合了以上兩種課程——常使用結構性學習——示範、角色扮演、練習、家庭作業於團體中，另外也使用小組討論或分享方式。筆者認為本課程活動次數不夠多，主要是為配合國小的學期時間。相較於課程㈠的 18 次，課程㈡的 27 次聚會，課程㈢顯得時間不夠長，難達到社會技巧訓練目標。有關此課程的詳細內容請參閱黃

月霞（1993）——教導兒童社會技巧。

　　以上所介紹的三種課程，雖然在聚會的實施背景和實施對象有其特殊之處，但是並不必有嚴格的區分，尤其是聚會過程方法的使用上，可以靈活運用。另外，依兒童某領域的匱乏程度增加該項的活動單元的次數是重要的。總之，三種課程提供學校諮商員和教師做社會技巧訓練時的參考。

🦁🦁社會技巧訓練課程(3)

單元（活動）	名稱	目標
1	喜愛的動物	促進彼此的熟識
2	溝通	察覺「打開」和「關閉」陳述語
3	肢體語言	察覺「講話者」和「傾聽者」的肢體語言並改善之
4	認識並察覺感覺	察覺、尊重，以及表達正、負向感覺
5	回饋	學習正確回饋、積極傾聽
6	告訴他人我的感覺、（我一訊息）	學習及練習表達「我一訊息」
7	衝突處理	察覺並改善衝突處理的方法
8	交朋友與維持友誼	學習交朋友和維持友誼的方法
9	溝通技巧的整合運用	學習交談基本技巧和四步驟
10	尋找資產	尋找自己與他人的資產加強喜歡、接納自己和他人

*資料來源：教導兒童社會技巧（黃月霞，1993，五南圖書出版公司）

*實施對象：一般兒童、青少年或成人

■實例

> 1. 活動名稱：交朋友與維持友誼
> 2. 活動目標：(1)學習交朋友的方法
> 　　　　　　(2)改善或維持友誼的方法
> 3. 活動過程：(1)檢視上週作業
> 　　　　　　(2)領導者問成員有沒有好朋友？他們對好朋友做什麼？避
> 　　　　　　　　免做什麼？如何維持友誼，並說明朋友的重要
> 　　　　　　(3)將團體分成兩組：一組討論「交朋友的方法」，另一組
> 　　　　　　　　討論「維持友誼的方法」
> 　　　　　　(4)設立情境。各組派代表或自願將討論的結果表演出來，
> 　　　　　　　　讓另一組猜猜。猜對了以口頭增強，並將方法寫在黑板上
> 　　　　　　(5)最後領導者補充「交朋友與維持友誼的其他方法」
> 　　　　　　(6)最後大家一起朗誦寫在黑板的方法，以增加印象與記憶。
> 　　　　　　　　問成員今日活動學到什麼？哪一項自己要加強的？

 社會技巧教導或訓練的過程與方法

「社會技巧訓練」與「晤談式諮商」的比較

兩種類型的團體調適模式：晤談式團體諮商和技巧訓練團體
Vander Kolk（1985）和 Gazda（1989）指出，團體諮商可分成兩
種調適模式，因為個體不良適應或功能不良，皆可從個體的正常
發展受到阻力，或缺乏社會技巧來解釋。筆者以下表概要的比較
兩者在目標、問題起因假設、理論的應用、技術的應用、團體結
構、規則、應用對象與應用問題等的異同。

表8「社會技巧訓練」與「晤談式團體諮商」調適模式的比較

團體類型／比較項目	晤談式團體	社會技巧訓練
大標題	預防、矯治	同左
問題起因假說	個體正常發展受到阻力或障礙（內在心理因素）	缺乏技巧與學習機會，或未學到因應技巧或不良楷模
理論應用	傳統與新心理分析論、自我概念（個人中心論）	社會學習論、行為論
技術的應用	同理心、頓悟、發覺優點、利用自我資源	教導、增強作用、制約、楷模、角色扮演、練習、家庭作業
團體結構	依年齡不同，在成員的選擇、團體的大小、聚會時間稍有不同	以預防性而言，成員不需篩選、由課程訓練學到技巧。以矯治性而言，要考慮年齡
團體規則	保密、全程參與、協助成員、坦露困擾、不遲到、不早退	同左
應用對象	輕微困擾者、有意自我成長的正常個體	除正常個體外，智障者、心理疾病者、藥癮、酗酒者
應用問題	內在心理症狀者，較屬內在原因問題	人際關係或社會情境有困難的各年齡層

　　社會技巧訓練強調的是一種心理教育（psychoeducational），行為的、行動（取向）的教育過程，其目的是教導重要的人際技巧，最終目標，不僅在獲得這些技巧，更要將所學的類化到真實生活中。社會技巧主要以「社會學習理論」和「行為改變技術」為基礎，因此其教導過程與方法不會因不同學者的主張而有大的不同。Gazda（1989）提出「生活技巧」的訓練過程為：(1)簡短說明，(2)領導者示範，(3)楷模演示，(4)成員的角色扮演和練習，(5)回饋，和(6)家庭作業。Goldstein（1993）等認為結構性治療或技巧學習的重要元素為：(1)楷模，(2)角色扮演，(3)回饋，和(4)練習遷

移。筆者於 1992 年在北市延平國小帶過社會技巧訓練並做效果評
估研究。下面是筆者使用的重要步驟說明：

(1)簡短說明

此步驟的要點包括：①說明此技巧對兒童的重要性，能使他
們獲得什麼益處？②分析技巧，以利於學習。例如，打招呼時包
含，眼睛的接觸，說聲「早」，叫對方的名字，並微笑。將複雜
的技巧分解成簡單的技巧。

(2)示範技巧（或正確行為）

此階段，兒童需要知道如何表現此技巧或行為。其中重要策
略是透過楷模的示範。楷模的示範可由領導者，或布偶、錄音、
錄影帶等方式呈現。現場的人為楷模提供較大的彈性，隨時可以
改變示範各種反應。例如涉及語言攻擊的情境，兒童可有幾種選
擇；以認知的內在語言保持自制、離開情境、向權威人士報告等
反應。

布偶的呈現受到兒童和青少年的歡迎。如此兩個布偶為主角
幫助兒童了解避免批評他人的重要性，然後以角色扮演加強兒童
去確認表達正、負向感覺的適當方法。

(3)練習（角色扮演）

觀察了正確技巧反應並不能保證能成功的應用在其真實生活
中。還需透過一種結構式的角色扮演形式練習，即行為預習
（behavioral rehearsal），以促進兒童表演出並練習新行為。角色扮
演分成下面四種基本步驟：

①布景：描述情境，選擇參與者，並指定和描述各角色。
②演出：參與者演出個別的角色。
③討論／評估：參與者和觀察者一起評估所表現的行為，並

確認較適當的反應或行為。

④重演：經過評估後，再行演出適當行為，也可由不同的人演出。

另外，角色扮演也可由布偶演出。它除了重複練習正確的反應外，還能互換角色；使參與者看到和感受到情境的二面。例如，以常捉弄人的人扮演被捉弄的角色。

(4) 回饋

兒童做角色扮演時，領導者要給回饋以改善其技巧。回饋由多種方式表現：

①語言回饋，如改正的指示，或讚美，鼓勵。

②給予增強物。

③自我評估：設法由兒童做自我評估。

④回饋時，要注意立即性、經常性、公開，才能促進其效果。

此外，對於難以接受回饋的青少年，錄音、影帶呈現方式也是有價值的自我評估工具。將模擬的社會互動錄下來，之後，成員依其具體的判斷標準評估其行為表現。如此可以讓平時缺少自我察覺，或忽視他人感受者，在觀察後會產生極大的效果。

社會技巧訓練的最終目的是將所學的應用到現實生活中。家庭作業能幫助兒童達到此目的。總之，社會技巧訓練過程中常使用的步驟包括：(1)說明該技巧的重要性，(2)示範：主訓者作示範動作，(3)角色扮演，主訓者並給予回饋，(4)練習，(5)家庭作業。

7 社會技巧和兒童的行為

具不良社會技巧兒童的特徵

- 不考慮他人的需求以調節自己的行為。
- 傾向於選擇社會比較不接受的行為。
- 他們對自己行為後果的預測有困難。
- 他們誤解社會線索。
- 他們不會因特殊情境的要求而實行社會技巧。
- 他們缺乏控制衝動或攻擊行為的能力。

具有社會技巧的人能有較好的社會適應，並能透過與他人的溝通（尤其是兒童），避免與他人有語言和身體的衝突。另方面，不具社會技巧的人常被認為有行為問題，如打架、不受同輩和成人的歡迎。這種兒童常不尊重他人的權益、表現相當的自我中心的行為。他們會以不為社會所接受的行為引起他人的注意，如罵人、頂嘴、爭執和侵犯他人的權利（如拒絕輪值，插隊等）（Matson & Ollendic, 1988）。

社會技巧能增進個體的「自我形象」和「自尊」。因為社會技巧能幫助兒童建立滿意的關係，且從他人接受正向的回饋。反之，不具有社會技巧的兒童不可能有滿意的同輩關係，同時會接受較多的負面回饋，而影響其自尊（self-esteem），而低自尊繼而影響其人際行為和自我概念。

大部分需要協助的情緒困擾兒童，常是由於缺乏社會技巧。這些兒童常會導致不良的人際關係，表現出社會不能接受的行為，而遭受到痛苦的經驗。

總之，社會技巧與兒童的社會適應，滿意的友伴關係和自尊

的提升有密切關聯性。在可塑性最強的兒童階段，教導社會技巧
是學校刻不容緩的工作。

摘要

社會技巧訓練對於兒童的社會化有正向的影響，教導兒童社
會技巧是近二十年來輔導發展的新趨勢。技巧的教導同時具有預
防性與矯治性的功能。

社會能力包括三個次領域：適應行為、社會技巧和友伴關
係，三者有相互關聯性。

社會技巧訓練已變成 1980 年代各種技巧訓練的總稱，本節有
清楚的界定。其目的是改善特定母群的人際功能。

社會能力的重要性，以及社會技巧和兒童的行為問題有密切
的關係，因此對兒童施以社會技巧的訓練是重要的，它兼具教育
與矯治功能。

若以全校學生為對象的教育和預防目標而言，不必加以篩
選，但若以矯治為目標，則評估是需要的。本章對評估方法也做
了說明。

社會技巧領域應包括：情感、認知和行為三種向度。具體而
言，溝通技巧、情緒處理、衝突處理、解決問題皆為其重要技巧
領域。

社會技巧是一種結構性學習，它基於社會學習理論，它的教
導過程包括(1)楷模（示範），(2)角色扮演，(3)回饋，(4)練習和(5)
家庭作業。

最後筆者介紹三種社會技巧訓練課程。三種課程所涵蓋的實
施對象、實施背景和其實施方法是多樣化的，但實施時依其對象
性質、時間的限制等可做靈活的選擇與運用。

部分二

如何實施兒童社會技巧訓練

　　本章要討論，教師或諮商員如何實際教導，或訓練社會技巧於學校兒童。社會技巧訓練目標包括：教育性、發展性、預防性與矯治性，因此它適用於全體學生和少數問題學生。也就是說，社會技巧教導可以以「班級」或「小團體」為單位來實施。

　　社會技巧是一種「結構性學習」，它有別於「傳統晤談式諮商模式」，因此實施前要有充分的準備。如，培養領導者（教師、認輔志工）的特質與技巧、準備「諮商活動計畫表」、選擇「媒介」或活動——學習單，與計畫如何組成團體等要項。這些訓練前的準備是本章討論的重點。

8 社會技巧訓練是一種結構性學習

　　結構式團體的興起：團體輔導從 1970 年代由於受到行為諮商，與強調服務績效、有效率的處遇（treatment）而興起結構式團體運動。結構性團體常以一個主題為主，並依此設立目標。而結構性學習常以「技巧訓練」為發展重點。

　　結構性團體是一種學習情境。在此有預先訂立的目標和實施計畫。其目的是使個案或成員達輔導目標，並將所學的遷移到日常生活中。

　　「結構」應用到團體諮商時，諮商員必須強調一個「具體目標」，並包括幾個達到目標的「活動」，並強調「練習」與評估。

　　Gazda（1989）主張「結構式團體」適用於「團體輔導」、「團體諮商」與「團體治療」。他更提出團體調適模式分為兩種類型，即「傳統或晤談式團體」及「結構式——技巧訓練團體」。

　　Gibson 和 Mitchell（1990）指出，近年來小學愈來愈關切技巧訓練，且各年齡層，包括成人團體也重視溝通技巧的訓練。

　　總之，社會技巧是一種結構式學習，因此預先要計畫「輔導活動課程」、「家庭作業」。對於行為偏差、缺乏控制力的問題

兒童更要設計「自我監視」與「行為契約」，才能幫助兒童達到諮商目標。

9 家庭作業：「自我監視」與簽訂「行為契約」

一般而言，攻擊兒童比較缺乏自我控制，他們較衝動。因此要達到輔導目標只依賴團體內的輔導是不夠的，需要「家庭作業」的配合，才能將團體內所學的應用到日常生活上。領導者根據每次聚會所學的，設計一份「家庭作業學習單」，並在下次聚會開始時，檢視每人的作業。做了的，依程度給予酬賞；不做的，依程度受罰，如在團體中重新練習一次。

另外與兒童簽訂「行為契約」更能改變行為，以及維持新行為。藉著確實實施自我監視，且與他們訂立行為改變契約是重要的。自我監視是記錄他們的行為。選定他們要增加或減少的行為。選定的行為和實施對象與地點都要具體。

契約的實施更能幫助兒童達到諮商效果。契約內容包括三要點：改善的具體行為、酬賞物和要獲得酬賞的條件。行為契約所以有效，是因為小孩直接參與決定所要改變的行為，以及酬賞系統。而且雙方都知道表現多好才能獲得酬賞。

家庭作業範例

本書所設計的諮商活動都附上一份家庭作業，以促進所學的新行為類化於平日的生活。下面是一簡單範例：

目標：訓練兒童養成禮貌的習慣

說明：記錄每天說「謝謝」、「請」、「對不起」的事件。

・ *1.* 說謝謝 *2.* 說對不起 *3.* 說「請」

週日	週一	週二	週三	週四	週五	週六
事件						
打勾						

「行為契約」實例

・ *1.* 行為目標：　　(1)上課不離座位

　　　　　　　　　　(2)上課不講話

・ *2.* 酬賞：　　　　只要得到 60-70 分可打電動 30 分，75 分以上可上網 1 小時。

・ *3.* 得酬賞的條件：每堂課遵守上述行為目標可得 3 分，每天最多 15 分，每週最多 75 分

・學生簽名＿＿＿＿＿班級教師簽名＿＿＿＿＿

・父母簽名＿＿＿＿＿團體領導者簽名＿＿＿＿＿

社會技巧自我監視表

　　教導過動兒或衝動型兒童使用「社會技巧自我監控表」，以協助改善他或她們的社會技巧。將表放在書桌上，或貼在冰箱門上，或任何能提醒他練習社會技巧的地方。並在空格上填上（記錄）何時實施及其效果如何。

社會技巧自我監視表

名字：＿＿＿＿＿＿＿＿＿＿　日期：＿＿＿＿＿＿＿＿＿＿

從下面系列社會技巧，選並寫下你要練習的項目：

建議的社會技巧

- 恭維他人
- 忽略別人的捉弄和講壞話
- 給別人一個恩惠
- 與人分享你的物件或玩具
- 耐心的等待你的輪值
- ＿＿＿＿＿＿＿＿＿＿
- ＿＿＿＿＿＿＿＿＿＿

- 用適當的態度表達感覺
- 對友伴表示仁慈
- 在活動或競賽中合作
- 介紹自己給他人（新）
- 傾聽他人的問題或關心的事
- ＿＿＿＿＿＿＿＿＿＿

我今天要練習下面這個技巧：

＿＿＿＿＿＿＿＿＿＿＿＿＿＿＿＿＿＿＿＿＿＿＿＿＿＿＿＿＿＿

＿＿＿＿＿＿＿＿＿＿＿＿＿＿＿＿＿＿＿＿＿＿＿＿＿＿＿＿＿＿

＿＿＿＿＿＿＿＿＿＿＿＿＿＿＿＿＿＿＿＿＿＿＿＿＿＿＿＿＿＿

記錄你練習社會技巧的事件：

1. 姓名：＿＿＿＿＿＿＿＿　地點：＿＿＿＿＿＿＿＿

   註釋：＿＿＿＿＿＿＿＿＿＿＿＿＿＿＿＿＿＿＿＿＿＿

   ＿＿＿＿＿＿＿＿＿＿＿＿＿＿＿＿＿＿＿＿＿＿＿＿

2. 姓名：＿＿＿＿＿＿＿＿　地點：＿＿＿＿＿＿＿＿

   註釋：＿＿＿＿＿＿＿＿＿＿＿＿＿＿＿＿＿＿＿＿＿＿

   ＿＿＿＿＿＿＿＿＿＿＿＿＿＿＿＿＿＿＿＿＿＿＿＿

3. 姓名：＿＿＿＿＿＿＿＿　地點：＿＿＿＿＿＿＿＿

   註釋：＿＿＿＿＿＿＿＿＿＿＿＿＿＿＿＿＿＿＿＿＿＿

   ＿＿＿＿＿＿＿＿＿＿＿＿＿＿＿＿＿＿＿＿＿＿＿＿

88 社會技巧行為契約

假如＿＿＿＿＿＿＿＿＿＿＿＿＿練習下面的社會技巧＿＿＿＿＿＿＿＿＿＿＿
　　　（兒童名字）　　　　　　　　　　　　　　　　（社會技巧）

＿＿＿＿＿＿＿＿＿＿＿＿＿＿＿＿明天或下週幾次（圈選）＿＿＿＿＿＿＿＿
　　　　　　　　　　　　　　　　　　　　　　　　　（頻數）

然後＿＿＿＿＿＿＿＿＿＿＿＿＿將接受下面的酬賞：＿＿＿＿＿＿＿＿＿＿
　　　（兒童名字）

＿＿＿＿＿＿＿＿＿＿＿＿＿＿＿＿＿＿＿＿＿＿＿＿＿＿＿＿＿＿＿＿＿＿

＿＿＿＿＿＿＿＿＿＿＿＿＿＿＿＿＿＿＿＿＿＿＿＿＿＿＿＿＿＿＿＿＿＿

＿＿＿＿＿＿＿＿＿＿＿＿＿＿＿＿＿＿＿＿＿＿＿＿＿＿＿＿＿＿＿＿＿＿

契約的見證人，我們在此簽名。簽名日期：＿＿＿＿＿＿＿＿＿＿＿＿＿＿
　　　　　　　　　　　　　　　　　　　　（年　　月　　日）

＿＿＿＿＿＿＿＿＿＿＿＿＿　　　　＿＿＿＿＿＿＿＿＿＿＿＿＿

　兒童簽名　　　　　　　　　　　　　父母親簽名

＿＿＿＿＿＿＿＿＿＿＿＿＿　　　　＿＿＿＿＿＿＿＿＿＿＿＿＿

　輔導員簽名　　　　　　　　　　　　班級教師簽名

使用增強物

　　兒童做出正向的社會行為而給以酬賞是重要的。酬賞系統能讓兒童有興趣和有動機練習社會技巧。在使用「社會技巧契約」或鼓勵作「家庭作業」以達到新行為的維持要使用增強物。下面是一些可參考的酬賞物。

・給多些時間看電視或玩電動。

- 個別與父母在一起活動（如一起看電影、運動、遊玩、下棋等）。
- 可晚睡一些或晚一些起床。
- 多一些打電話時間。
- 放學後可邀請朋友回來或到朋友家玩。
- 邀請朋友到家裡過夜。
- 到喜歡的速食店吃飯。
- 給錢。
- 給點心。
- 使用代幣制──可在後來兌換錢買較大的禮物，或獲得一些特權。
- 可讓兒童自己選擇喜愛的酬賞物，以增強其學習動機。

10 選擇適當的媒介或活動

　　從事兒童諮商或輔導，由於兒童的階段發展特徵──注意力短暫、行動取向、不自覺有問題等，我們必須使用各種媒介或活動，以吸引他們。但在選擇媒介或活動時，我們需要考慮兒童的年齡、要鼓勵的行為、輔導要達成目標。因為每一種媒介或活動有其不同或特殊的性質。選擇時，我們要配合每個兒童的需求、能力。尤其注意下面的因素：

- 兒童的發展年齡。
- 諮商情境：「個別諮商」或「團體諮商」。
- 要達到何種諮商目標。

兒童諮商常用的媒介或活動分為下面幾種

- 圖書／故事。

- 黏土。
- 畫畫。
- 手指畫。
- 遊戲競賽。
- 想像旅程。
- 玩偶。
- 沙盤。
- 玩具人物。
- 積木。
- 學習單。

　　本書所提供的個別與團體諮商活動以「學習單」為主。根據 Geldard 和 Geldard（1999）觀點，學習單在年齡、情境、目標、性質，與鼓勵的行為等方面具有下面的特色：

- 年齡：最適合 6-10 歲，其次是 11-13 歲的國小與青春早期兒童。
- 情境：最適合用在「個別諮商」，其次在「團體諮商」使用。
- 目標：最適合(1)發展解決問題與作決定技巧。
　　　　　(2)發展社會技巧。
　　　　　(3)建立自我概念和自尊。
- 特性：最具有(1)功能性和自我滿足（目標性、完成目標後獲得自我滿足）。
　　　　　(2)教育性（發展性）。
- 學習單鼓勵的行為：最適合「認知行為」，其次為「內省」和「互動」行為。

　　從以上分析，「學習單」最適合國小學童的「個別」與「團體諮商」情境。另外，以達到的目標而言，他適用於本書所要介紹的「社會技巧」與「建立自尊」兩種課程。

　　雖然每次諮商聚會先發下學習單。但活動進行本身也可能用

到遊戲、故事等。學習單是一種達到「討論主題」的跳板。

11 學習單的使用

「學習單」是兒童熟悉的學習方式，在學校也常用來達到某教學目的的方式。活動使用學習單有多種不同形式。包括回答問題、畫圖、連線、找字等。設計良好的學習單很吸引學生，使諮商活動變得有趣。就諮商員的觀點而言，它是引發兒童討論的引子。使兒童專注於對某議題，探討他們的想法、感覺和行為。

學習單可使用於整個諮商過程——開始、中間和結束階段。開始時，看圖，然後探討某事件。它也可來強化已獲得的觀念、信念和行為。幫助兒童整合解決問題技巧。筆者也以學習單的方式設計家庭作業，如此更吸引兒童作家庭作業，類化所學的技巧於日常生活中。藉著使用學習單，諮商員更能積極催化兒童作改變。具體而言，使用學習單可幫助兒童：

- 吸引他們注意於某議題，對此議題作進一步探討。
- 考慮新想法和新行為。
- 探討、了解及發展解決問題和作決定的技巧。
- 決定對社會情境或事件如何作反應，同時，探討這些反應可能的結果。
- 辨識舊行為和新行為的區分。
- 堅信或強化已探討過的概念、觀點、信念和行為。
- 計畫將已學過的技巧類化到兒童的生活上。

此外，「學習單」不但用在個別個案，也可用在團體，幫助兒童在團體內分享不同的觀點。本書使用「學習單」於下面的諮商活動，幫助兒童獲得社會技巧，以及建立自尊為主要目的。

【一】社會技巧訓練：

(1)情緒管理（第四部分）；

(2)有效溝通（第六部分）；

(3)自我管理（第八部分）。

【二】建立自尊（第十部分）。

12 諮商員的特質與技巧

　　兒童諮商，不論是個別或團體，都適用學習單，但學習單是引發討論議題的跳板而已。在討論過程中，教師或諮商員要具備一些特質、態度或技巧。因此，領導者要先受過訓練，以培養這些態度與技巧。

團體催化者的特質

　　具有團體動力理論和實務知識，以及診斷技巧和過程技術，並不保證能催化成員的成長與改變。一般而言，領導者會將自己的人格特質、價值觀和生活經驗帶進團體。為了促進成員的成長，領導者自己也要成長。為孕育他人誠實的自我探討，領導者需要有毅力從事自我評估。假如他們希望他人過有效的生活，他們需要有尋求新經驗的意願。簡言之，成員看的是領導所表現的，而不是所說的話（Corey, 1995）。**Corey** 提出下列的特質：

1. **Presence**：以成員的立場分享他們的經驗。

2. **Personal Power**：力量來自自信及展現其對團體的影響力。此能力會加強成員確認並建立其優點、克服問題與壓力的能力。

3. **Courage**：有毅力的，冒險表達反應、對質、分享經驗。

4. **Self-confrontation**：對質自己，反問「我的態度、價值、成見、感覺和行為對成員產生什麼影響？」

5. **Sincerity and Authenticity**：真誠關切成員的福祉。還包括對

成員的反應作誠實、一致、開放的反應。

6. **Sense of Identity**：領導者先澄清自己內在的價值觀、生活目標與意義、期望。

7. **Inventiveness and Creativity**：在取向上（approach）以自然、彈性的態度引導團體，避免僵化。接受成員的獨特性。

8. **Belief in group process and enthusiasm**：相信團體會有正向的效果及熱忱。

Geldard和**Geldard**（1997）也為兒童諮商員提出類似的特性：

1. **一致性**：諮商員必須是可信任的、誠實、內外一致、扮演真正的自己，才能營造安全的輔導環境。

2. **接觸他自己內在的兒童部分**（同理心）：以兒童的立場，去體會、了解兒童經驗，尤其他們的感覺。

3. **接納**：表示讓兒童作他自己，不加以判斷和抑制。接納不表示「贊同」其不當行為。

4. **情緒的分離**：不要太親近、太友善、太溫暖，以避免情感轉移。或使兒童只享受此氣氛而不去改變行為。要保持中庸。要適時參與、傾聽、接納和了解。

- 輔導（諮商）關係中，輔導員不扮演父母、教師、叔叔、伯伯等角色。

團體領導者的技巧

George 和 Dustin（1988）綜合早期和近代學者的意見提出下列的團體技術：

1. 同理心。
2. 非語言專注。
3. 澄清。
4. 反映。

5. 摘要。

6. 催化。

7. 解釋。

8. 對質。

9. 自我坦露。

10. 開放性問題。

11. 阻止。

12. 聯結。

13. 現實驗證。

14. 評估。

筆者認為不論是個別或團體的輔導或諮商，尤其在討論時，諮商員要表現同理心、非判斷的態度（不作道德判斷）、專注於兒童的肢體語言、作示範、反映感覺、對相似觀點者作聯結、澄清、適當的自我坦露、摘要、催化鼓勵（尤其對於沈默者）。

在實際活動進行中，領導者要把握的重要原則如下

1. 在團體中儘量扮演催化者角色。鼓勵成員多發言——意見與感覺，並引導他們經由討論以激發更多的省思與領悟。

2. 儘可能創造一個開放、接納、安全、尊重、溫暖的團體氣氛，使成員更開放、自由表達、自我抉擇。

3. 對成員所反映的信念、價值觀，不由領導者作價值判斷，由團體討論，讓成員下結論，然後自行價值判斷。

4. 常提醒成員有關團體規則，如傾聽、守密、彼此協助等，不守規則者交由團體決定如何處理。

5. 讓成員每次回去後，儘可能在實際生活中練習團體中所學的，使之內化成為生活的一部分。為有別於學校作業，儘量使作業趣味化，如用畫的，以表達各種感覺。為鼓勵作

家庭作業，給予酬賞，有時以團體競賽方式，或多作一次感覺表達，以強化對作業的練習。

13 聚會前的準備，與第一次聚會要做的事項

聚會前要預備好的事項

- 製作「增強制」海報。
- 製作「小組名單」海報。
- 製作「團體規則」海報。
- 以上三種海報，貼在聚會場所牆上或黑板上。
- 說明「團體規則」，並在每次聚會開始前要再次提醒或全體唸一遍「團體規則」。若是兒童團體則強調「增強制」的實施。

團體規則內容

- 第一次聚會，領導者要說明團體規則，並將規則寫在海報上貼起來。
- 規則包括「要遵守的」與「不許做的」，即「do」和「don't」rules.
- Do 的規則如下：
  傾聽和專注、坐好、不理他人騷擾、參與討論、不離題。
- Don't 的規則如下：
  不作身體攻擊（打人）、罵人、搗蛋（擾亂團體）。
  此外，不遲到、不早退、不缺席。

要守密。

增強制：分個別增強與團體增強兩方式

個別增強：（將團體名單寫在一海報上）每次聚會做到該遵守的（do）規則給 5 分。犯規先警告，若繼續犯，就扣 1 分。打人不加以警告，立即扣 1 分。從 5 分扣起，由觀察者統籌記錄。遵守以上全部do的規則，就獲得 5 分。可採用每週或每四週統計一次，分數最高者給酬賞。（小禮物或累積點數最後兌換大增強物）

團體增強：每組中團體總分最高的一組獲得酬賞（如冰淇淋或糖果）。可分兩次，如第四週和最後一週。

第一次團體聚會要做的事

- 以熱誠、溫暖的態度歡迎組員的到來。
- 圍成一圓圈而坐，或坐在自己教室的座位上，介紹團體名稱。
- 參與此團體能帶給他們哪些益處（提升EQ、處理感覺、交朋友、解決問題或使感覺自己好）。
- 團體規則、團體結構、說明增強制。
- 團體結構包括：聚會地點、每次聚會何時開始、結束，共幾週完成。
- 先以一種「活動」促進彼此的認識。

█ 實例

小朋友應該遵守的事情

　　1. 按時交作業。
　　2. 帶小手冊。
　　3. 乖乖坐在位子上。
　　4. 先舉手再發言。
　　5. 積極參與討論。
　　6. 專心聽別人發言。

小朋友不可以這樣子哦！

　　1. 不可以遲到。
　　2. 不可以騷擾別人。
　　3. 上課不可以吃東西。
　　4. 上課不可以隨便走動。
　　5. 不可以大聲吵鬧。

我要怎麼做才能得到分數呢？

答：只要乖乖的遵守團體規則中的任一條，領導者會在小朋友手冊上蓋上乖寶寶圖樣的章，若沒有做到則是蓋上加油圖樣的章。一個乖寶寶章代表你得到了1分，加油章則是得0分哦！

有沒有獎勵啊！

答：每兩週結算一次分數，每次得分最高者將得到一罐飲料作為獎賞。最後一週為結算全部分數的日子，累積得分最高者得到100元內精美小禮物乙份。

小手冊是用來幹嘛的啊？

答：小手冊是用來記錄你每個禮拜的得分用的！小手冊每次進行活動的時候都要帶過來，如果當天沒有帶，則下次會把分數補上，但乖寶寶章和加油章不補蓋哦！

學校教師或諮商員組成團體考慮的要項

一般組成團體考慮的要項分為：
- 團體成員的同質性 vs 異質性。
- 團體大小。
- 一次團體聚會時間。
- 聚會頻數（一週幾次）。
- 團體結束時間（一學期）。

我們以班級與小團體分開說明。

以「班級」為單位的團體

- 不需考慮同質或異質。
- 班級人數最好不超過30人。
- 聚會時間為一節課，或安排在晨間活動、午休時間。
- 頻數最好是一週兩次或至少一次。
- 若無法在一學期完成 18 次的社會技巧內容，可分學期實施。一學期「情緒管理」，下一學期為「有效溝通」，再下學期為「自我管理」。最後，或最先實施「建立自尊」。

以「小團體」為單位的團體

- 將社會技巧經過評估，將特別匱乏技巧的兒童組成小團體。
- 人數不超過6人。
- 每週兩次或至少一次聚會。
- 一次一節課，或安排在晨間或中午。
- 社會技巧要完整實施但可分段實施，每學期實施一領域，如情緒管理。

最後，小團體實施地點要隱密，至少各個團體要分開，一組

一教室或場所，避免彼此干擾或討論被聽到。組員要準時、不遲到、不早退，才能充分利用 40 分的團體時間。

　　教師或諮商員要事先準備「團體活動進度表」，其內容包括每週主題者、團體成員名單、日期、領導者、活動地點等。

14 範例：「小團體輔導」活動進度表

　　下面的活動進度表是將「社會技巧」與「提升自尊」訓練分段進行。但是假如一週兩次，則最好將「社會技巧」（18 次）一學期完成，其效果最好。下表是因應筆者的學生「實習」的需要而分段進行。兒童只接受部分的訓練是不完整的。學校實施時，同一組或個別學生，依「情緒管理」、「有效溝通」，與「自我管理」的次序，一週兩次進行，一學期完成效果最好。「建立自尊」也可單獨實施，安排在最先階段，或最後階段即可。

「小團體輔導」活動進度表

主題 日期	情緒管理	人際關係與 有效溝通	自我管理	建立自尊
月　日	我喜愛的動物	我喜愛的動物	我喜愛的動物	氣球
月　日	尋找一種感覺	慎選話題	先看看再跳下去	我能做任何事
月　日	小華焦慮煩惱什麼？	問問題？	多種選擇與選項	我在何處？
月　日	猜猜他人的感覺	因應被冷落、拒絕	假如－好處－壞處	裡……外
月　日	你的肢體語言	說閒話	犯罪與處罰	越過障礙
月　日	火山（處理生氣）	打架	從容向他人說「不」	這些是我的願望

月　　日	因應害怕、恐懼	攻擊、退縮、自我肯定反應	酬賞你自己	你的圖像、過去、現在和未來的自我
月　　日	套戒指	鮭魚的岩石……	綜合「解決問題」練習	哈利克服他的害怕
領導者 協同領導 （觀察者）				
小組成員 （6人）				
活動地點				
學習單份數	6份	6份	6份	6份

部分 三

情緒管理——
與情感有關的社會技巧

　　本章要介紹與情感有關的社會技巧。因為人際互動常受到內在情感——感覺與情緒的影響。因此完整而有效的社會技巧訓練基礎，在於兒童能先做好情緒管理。

　　《浩劫後》這部電影告訴我們，核子戰爭的恐怖性是令人震憾的。也許電影所描述的正是人類未來命運的預測。為阻止不幸災難的發生，並非國際性會議或政府決策者所能根本杜絕的。根本解決方法應從「預防」著手。西方有一句格言似乎可提供我們的解決方向。那就是：「播種（saw）行為，就可收穫（reap）習慣；播種習慣，就可收穫個性；播種個性，就可收穫命運」。可見未來人類的命運，必須是培養好「行為」開始。但在播種行為以前，個體必須先從具體的「了解情緒」與「處理情緒」，即「情緒管理」開始。

　　假如我們從兒童階段教導兒童如何表達，並尊重他人的感覺，建設性的疏導情緒，培養正向態度、負責任與自我實現的行為模式，就能直接影響到兒童的「行為」、「習慣」、「個性」，甚至「命運」的形成。

　　具體而言，情緒管理不當，長期壓抑負面情緒會影響心理健康；衝動、不適的、不成熟的發洩會影響自我概念和人際關係，同時讀書或工作時混雜各種情緒時會影響效率。因此教導兒童如何保持平衡的情緒——管理情緒是刻不容緩的課題。

15 了解感覺與情緒

　　感覺與情緒是分不開的，感覺是由內在狀況和外在事件而引起。它是相當主觀的，除非由自己描述出，外人無法了解其經驗。情緒是表達感覺的方式，藉由臉部、姿態、四肢活動、聲調表達感覺的反應。

情緒的作用（情緒與行為的關係）

　　情緒具有「動機」性質，它的激發使個體有所行動，尤其生理反應，如腎上腺素的分泌，交感神經的作用，使你全身充滿動力，隨時準備行動。例如你生氣時，心跳加速、呼吸增快、肌肉緊張、血液循環增快，令你覺得全身發熱。此時若他人稍微觸怒你，你可能會一拳打過去。其他的情緒同樣涉及生理反應，使你更富動力，因此情緒與行為是有密切關係。

感覺的性質

　　感受（feeling）因情境不同而變化，同樣的情境所引發的感受也有不同，因為每人的經驗不同，因此感覺沒有「對與錯」之分。對同一情境會有共同的感受，但也會發現有的感受較獨特。因此教導並培養對他人異於己的感受要「尊重」與「接納」。感覺的轉變是快速的，常因情境的變化，而產生截然不同的感覺。

　　有時候「衍生性感覺」（secondary feeling）會掩飾「最初的感覺」（primary feeling）。個體確認所經驗到的最初感覺是不易的。相反的，我們會以陳述意見或指控來掩飾真正的感覺。例如：母親看到晚歸的女兒回來時，其最初的感受是擔心，但她常會對她說：「你不應該這麼晚才回來，你真是沒教養，愚蠢的東西」來掩飾她真正的感受。這種「你—陳述」（you-statement）會令對方感到被指責，阻斷溝通，破壞母女關係。假如使用「我—陳述」（I-statement）表達最初的感覺：「你這麼晚回來，令我好擔心，怕你碰到壞人而受傷害」。因此「擔心」是主要感覺，生氣是次要感覺。使用「我—陳述」會促進溝通，是建立良好關係的基礎。

　　感覺可能隨著新訊息，新經驗而修正，因著進一步的表白或

溝通，憤怒可能轉成關心或佩服也不一定。因此，人際的衝突，往往由於缺乏「了解」與「相互分享」或「溝通」導致的。假如我們提供兒童機會學習如何表達感覺、分享對事情的看法，能促進彼此了解與彼此接受，這對兒童的人際關係、自我概念的改善有莫大的助益。

負向的情緒

　　情緒可分成正向與負向兩大類。有些情緒帶來較多的問題，如恐懼、憤怒、敵意與愛。這些情緒是我們常經驗到的，而且處理不當，常導致不利的結果。其中以「憤怒與敵視」的處理，影響兒童的自我形象、人際關係與學習活動較顯著。我們以它來做詳細說明。

　　憤怒與敵意有不少的同義詞，如怨恨、仇視或攻擊等，憤怒是正常的情緒，否認人有怒氣就等於否認人性。當你被冒犯時，很自然地，會覺得怒氣沖沖是充滿敵意，很想向現實或想象的敵人報復。但一味的抑制它時，會覺得全身不舒服，讀書或工作不專心，影響讀書或工作效率，長期下來會造成身心的傷害。

　　一旦人們漸漸成熟，便學會控制憤怒，至少會以可接受的方法表達它。除非你察覺並了解引發憤怒的情境，否則你可能以惡毒的話來發洩。或許你也曾經驗到他人生氣時，對你羞辱，不尊敬或貶損你。事實上，衝動型的人，常以身體攻擊來發洩憤怒。有時言語本身就是一種具有破壞性的武器。Keat（1974）強調「純語言化」（verbalization）是疏導感覺的一種方式。例如：告訴對方：你令我很生氣，你怎麼可以這樣對我，或這件事令我火冒三丈！等。很自然的，我們確認自己的感覺，察覺它與事件的關聯，是避免傷害，或想報復，是疏導憤怒情緒或控制它的第一步。

　　一旦憤怒不可遏止時，就形成問題。在此情況下，敵意有如

脫韁野馬，轉向身旁的人報復。憤怒的反應若得到增強，會變成習慣。這類型的憤怒對個人或周遭的人是災難。朋友易成為他的代罪羔羊，同時易怒的人往往不快樂。

蒐集情緒點券

　　表達感覺是困難的，因為兒童從小缺少學習和練習的機會。傳統的中國父母或學校教育，不鼓勵兒童發表意見和表達感覺。他們認為兒童只有傾聽，被動的接受者是乖兒童。另方面如何標示（labeling）感覺和感覺形容詞詞彙的缺乏也是問題，以致不知如何表達。因而許多人貯存感受不直接處理它，或以間接攻擊來表達（Corey & Corey, 1982），而造成不良後果。在 Berne 的交流分析（transaction analysis）中「蒐集情緒點券」是一種處理感受不當的說明。個體內在「兒童自我」部分蒐集黑色點券——不好的感覺，如悲傷、害怕、生氣、受傷……等。它只是蒐集而非處理。我們以不同顏色表示蒐集到的各種感覺：

　　　　紅色：憤怒或敵意

　　　　藍色：憂心

　　　　棕色：無助

　　　　紫色：嫉妒

　　　　白色：正直

　　當蒐集到一定數量的點券時，往往會將之兌現，換取「心理贈品」——如，勃然大怒（我已忍無可忍了），狂飲一番等行為。然而有人定期兌換幾頁點券，以激烈方式，如：逃避、鬧事、逃學，或酗酒、吸毒來發洩情緒。

　　另一方面是蒐集金色點券——蒐集好的感覺。它是一種自我欣賞的感覺。就是感覺自己好，是不錯的人。這種感受在我們面對艱困時刻，挑戰以及需要鼓勵時，能激勵我們度過難關。如：

「這次我用功了，且成績不錯，或工作圓滿完成，我太高興了，可以去看場電影」。金色點券也包括蒐集他人對我們良好的評語。如：「你表現良好」、「我羨慕你」或其他的美詞。此時要欣然接受。事實上，自我價值與自我成就的健康心態和空泛、自誇的虛假自尊截然不同。當我們儲存他人傳達給我們正向的感覺時，會給我們莫大的鼓勵。一旦我們覺得安好、愉快，便會更有能力付出，因為沒有接受過愛，就不知如何付出愛給他人。

　　從以上「了解感覺與情緒」，我們可以導出一些重要概念。(1)情緒伴隨著生理激發，具有行為的動機力量──健康舒服是重要的，(2)兒童要學會「尊重」異於己的感覺，(3)感覺藉著溝通是可能改變的──負向改為正向的，(4)察覺並溝通「主要感覺」──教師以「我─陳述」溝通，(5)負向感覺的處理尤其重要──憤怒與敵視，(6)積壓負向感覺──蒐集負向情緒點券是危險的，和(7)教導兒童收藏金色點券是有助益的。

　　在教導如何做情緒管理以前先要了解情緒管理課程所包括的重要元素。也就是其主要目標。以下列出專家的觀點：

　　1. Faust（1968）認為感覺與情緒課程要達成的目標包括：

　(1)人類存在著各種感覺，即人有各種感覺。

　(2)幾乎每人都經驗過各種不同的感覺。

　(3)感覺是自然的、健康的，它無對與錯之分。

　(4)擁有感覺和表達感覺是兩回事。

　(5)有多種表達感覺的方法是不會傷害他人的權利，及阻礙自己的成長與發展，這些方法是有助益的。

　　Faust特別強調用昇華活動發洩憤怒，以及使用打擊枕頭發洩各種感覺。而 Lazarus（1971）主張以肌肉活動來紓解情緒，尤其對負面的情緒。這些情緒的處理技巧愈早學習愈好。在美國，甚至有學者主張，從幼稚園就開始教導。

　　2. Sprafkin、Gershaw 和 Goldstein（1993）認為處理感覺課程要

包括下面的四元素，每一項目（元素，或技巧）又分成幾個步驟。項目如下：

(1)表達你的感覺。

(2)了解他人的感覺。

(3)準備因應具有壓力的交談。

(4)對失敗的反應。

Sprarfkin 等提出課程的訓練對象是慢性心理疾病病患、身心障礙、毒、酒癮者，因此每一元素又分成四個步驟。其課程又加入各種——工作、診所、家庭的實例演練。

3. Geldard 和 Geldard（1997）主張情緒管理課程應包括下面三大元素：

(1)確認自己的感覺。

(2)確認他人的感覺。

(3)表達感覺。

Geldard 和 Geldard（1997）的課程訓練對象是兒童，其特色是以「學習單」作為討論的刺激。這些「活動學習單」附上插畫——較為兒童所喜愛，尤其是低年級兒童。

從以上三個課程看出，「情緒管理」或「處理感覺」就包括三個主要元素：(1)察覺情緒——自己的感覺，標示感覺和察覺感覺與事件的關聯，(2)察覺他人的感受——同理心，(3)表達感覺——語言化（verbalization）表達，昇華活動和體力運動。

16 教師平日如何幫助兒童學會「情緒管理」

筆者認為情緒管理的教導可分成三部分：㈠概念（認知）部分的傳授，㈡教師日常的示範，㈢情緒管理技巧的訓練。

感覺與情緒基本概念的傳授

　　教師首先要讓兒童了解有關感覺與情緒的基本概念，要點如下：

(1)感覺和想法是被容許的。它是私人財產，正常的，不必因有某種感覺和想法而自責。因為只感覺而不必做什麼。

(2)動作和行為並非私人財產，因為有時會涉及傷害到自己和他人，所以不全然是自由的。

(3)感覺無「對」與「錯」之分，每人對同一事件的看法和感覺可能不同，因為每人的經驗背景不同。不必因感覺的獨特性而指責他人，生氣或自責。培養兒童「尊重」他人異於己的感覺。

　　言教不如身教是教師經常要察覺與重視的。教師與兒童相處時的示範更有影響力。因此下面是示範的重要內容。

(1)經常使用「我—陳述」（I-message或statement），察覺最初（primary）的感覺而表達之。如：學生吵鬧時說：「你們太吵，影響他人專心聽課，使我感覺很擔心」（擔心是最初的感覺，而生氣是衍生性的感覺）。兒童從教師的示範察覺事件或行為引發他人的感覺，以及引發行為的後果。另外「生氣」常是衍生性感覺，它較不為人所接受。其實，誠實面對自己的最初感覺，如：窘困、擔心等是重要的，且有利於師生關係的建立。

(2)上課時適時適地的利用機會與兒童討論對某行動或情境的感覺。教師要示範出「尊重」不同的感覺。但經過討論也能改變一些人獨特的感覺。這種「尊重」和透過彼此的「溝通」——更能增加兒童的學習。

(3)教師平日多鼓勵兒童。鼓勵是一種接納的語言。任何兒童

正向的努力都值得鼓勵。兒童對自我、他人和世界的正向態度是正向感覺的來源。教師的鼓勵對兒童正向的自我概念的建立是重要的。

𝟣𝟩 情緒管理的重要概念與目標

情緒管理的重要概念

與情緒管理有關的重要概念如下：

- Peals 說：「察覺（awareness）本身具有治療作用」──察覺自己生理狀態與他人肢體語言的表現。
- 察覺後要以感覺形容詞來「標示」（labeling），如，生氣的、傷心的⋯⋯
- 察覺與感覺事件的關聯：由某事引發的，「我生氣是因為他打我」。
- 表達（expression）感覺：以健康的方式表達感覺，如：
  (1)告訴對方我的感覺：「我」感覺很害怕⋯⋯
  (2)反映對方的感覺：「你」好像感到很興奮⋯⋯
  (3)以不傷害自己及他人的方式為原則來宣洩感覺，如肌肉運動⋯⋯

在情緒管理訓練過程，以上的概念皆要透過活動傳達給受訓者。不斷藉著示範、角色扮演、回饋、家庭作業，將所學的類化於兒童的日常生活中。

情緒管理訓練目標

情緒管理訓練活動，不論以「團體」或「個別」方式皆要達

到下列目標：

- 了解感覺沒有「對」與「錯」之分。
- 尊重他人不同於我的感覺。
- 同一事件可以有不同的感覺。
- 了解感覺與事件的關聯（內、外刺激引發）。
- 常觀察自己與他人的感覺（生理狀況或肢體語言）。
- 確認自己或他人的感覺。
- 表達感覺（告訴對方你的感覺或⋯⋯）不壓抑感覺。
- 運動、肌肉活動、昇華活動是發洩情緒的好方法。
- 學會處理「生氣」與「害怕」的適當方法。

綜合以上的概念與目標，情緒管理可分成三個「具體目標」（或次要領域）：

1. **確認自己的想覺。**
2. **確認他人的想覺。**
3. **表達想覺。**

情緒管理活動計畫

為達到以上三個具體目標，可設計二或三個輔導活動，來幫助達成每個具體目標。活動可以是多樣化，如藝術活動、講故事、競賽、遊戲、玩偶、學習單等方式設計。本情緒管理課程，應用故事、遊戲、學習單等方式進行輔導活動。

設計活動時，要切記「活動」、「具體目標」、「一般目標」要有關聯性。即**活動→「具體目標」→「一般目標」**。

🎯 情緒管理「一般具體」、「具體目標」和「活動」表

一般目標	具體目標	活動名稱
情緒管理 （確認與表達感受）	確認自己的感覺	(1) 找一個感覺 (2) 小明是焦慮的！
	確認他人的感覺	(1) 猜猜他人的感覺 (2) 你的肢體語言
	表達感覺	(1) 火山 (2) 因應恐懼

🎯「活動」與「活動目標」

活動名稱	活動目標
1. 尋找一種感覺	A. 尊重別人不同於我的感覺 B. 常察覺「感覺」與「事件」的關聯
2. 小明煩惱什麼？	A. 察覺自己與他人最煩惱的事？ B. 分享後，我能改變煩惱嗎？
3. 猜猜他人的感覺	A. 注意觀察自己與他人的肢體語言 B. 確認對方的感覺
4. 你的身體語言	A 養成敏感他人的肢體語言──臉部、姿勢、四肢 B 常依肢體語言推測他人的感覺
5. 火山（處理生氣）	A 生氣時避免爆發與壓抑生氣 B. 以肌肉運動、語言抒發生氣
6. 處理害怕	A 學會有效因應害怕的方法 B 害怕是正常的

19 情緒管理聚會活動說明

幫助小孩去確認他們自己的感覺

為達到兒童確認他們的感覺，包括兩個活動：尋找一種感覺及小明煩惱什麼？

活動名稱：尋找一種感覺

活動目標：1.尊重別人不同於我的感覺

2.常察覺「感覺」與「事件」的關聯

活動說明：在此活動要幫助小孩去確認，某種感覺與事件或情境的關聯，這種察覺是重要的。更要讓他們了解同一事件，每人的感覺可能不同，因為每人的經驗不同。要尊重他人不同於你的感覺。當個體常察覺感覺與事件的關聯時，就可避免對他人亂發脾氣，而傷及無辜，損及自我形象。

學生分享，領導者聯結共同的感覺，指出較獨特的感覺。

活動名稱：小明煩惱什麼？

活動目標：1.察覺自己與他人最煩惱的事

2.分享後，我能改變煩惱嗎？

活動說明：呈現一系列可能引起煩惱（焦慮）的情境。另外，也要小孩考慮引發自己煩惱的特殊事件和情境。藉著分享，可能減少自己的煩惱與不安的事件，或減輕焦慮的感覺或正常化不安的感覺。

幫助小孩去確認他人的感覺

　　為達到兒童確認他人的感覺，包括兩個活動：猜猜他人的感覺！及你的身體語言。

活動名稱：猜猜他人的感覺！

活動目標： *1.* 注意觀察自己與他人的肢體語言

　　　　　　 2. 確認他人的感覺？

活動說明：邀請小孩去猜猜看圖片上人物的感覺。同時去想像，投射自己於類似圖片上的情境，並討論發生的事件。小孩養成敏感他人的感覺是重要的，因為如此可能改變或調節自己對他人的行為。同理心對人際關係是有幫助的。

活動名稱：你的身體語言

活動目標： *1.* 養成敏感他人的肢體語言

　　　　　　 2. 常依身體語言推測他人的感覺

活動說明：小孩使用觀察技巧。要小孩考慮人們如何使用他們的身體，和臉上表情表示他們的感覺。接著，要求小孩想一想自己如何使用肢體語言以表達他的情緒。觀察他人的肢體語言，才能正確的了解他人的感覺。

幫助小孩表達他們自己的感覺

　　為達到兒童適當表達感覺，包括兩個活動：火山（因應生氣）及因應害怕。

活動名稱：火山（因應生氣）

活動目標： *1.* 避免使用爆發與壓抑來處理生氣

2. 以肌肉運動、語言化或昇華活動來抒發生氣

活動說明：本次活動主要是探討生氣的表達。討論火山上的每一點。例如，一旦小孩確認什麼事讓他生氣後，可能看看火山底部，想像被生氣的感覺所壓著。鼓勵小孩談論被生氣感覺壓抑像什麼？後果會是什麼？對別人會怎麼樣？然後問問他們能辨認某人正被生氣所壓？往上一點，生氣被慢慢釋放出來，讓兒童有機會探討表達生氣的不同方法。同樣的，他們能分辨某人正以何種行為釋放生氣？火山的最上方是爆發式的生氣反應。鼓勵孩子檢視此種表達的適當與不適當性，更重要的是要小孩學到慢慢釋放生氣的具體方法，如講出來、打球、畫畫、分享、射飛鏢等。

活動名稱：因應害怕

活動目標：1. 學到害怕是正常的

　　　　　　2. 學會有效因應害怕的方法

活動說明：鼓勵小孩探討害怕的各種可能的反應。並注意到自己對害怕的反應。圖片上情境可能不適合每一個小孩，因此邀請小孩告訴我們，有關他們自己的害怕經驗，然後探討因應的方法。領導者在此活動要讓他們知道害怕的感覺是正常的。這是重要的，因為有些兒童相信，感到恐懼是不正常的，且是不好的。透過分享，小孩學到害怕的有效因應方法是重要的。

部分 四

情緒管理諮商聚會活動

　　部分四分成兩節：㈠提供情緒管理的聚會「活動學習單」，㈡提供每次活動後的家庭作業，即「作業學習單」。

㈠活動學習單

🔏活動順序與活動名稱

活動順序	活動學習單名稱
一	我喜愛的動物
二	尋找感覺
三	小明煩惱什麼？
四	猜猜他人的感覺
五	你的身體（察覺肢體表達）
六	火山（如何處理生氣？）
七	與美美一起抵抗害怕（恐懼）
八	總複習：套戒指

- 有關每一次聚會的「活動目標」、「活動說明」請看部分三。
- 有關每次聚會學習單的進行方式，請依「活動學習單」上的「過程說明」進行。
- 領導者要切記每一活動要達成的目標，並確實達成。藉家庭作業的實施，使兒童將所學的技巧類化於日常生活中。

一、我喜愛的動物

活動目標： *1.* 讓兒童彼此熟識

　　　　　　2. 讓兒童認識團體規則、團體結構、增強制

團體過程： *1.* 領導者自我介紹──我是＿＿＿＿＿＿

　　　　　　2. 介紹團體結構：

　　　　　　　　團體名稱：兒童成長團體

　　　　　　　　團體目標：讓你們成為 EQ 高手──會處理情緒、

　　　　　　　　　　　　　會處理人際衝突、學會作明智的決定

　　　　　　　　　　　　　團體共＿次、每週＿次、一次＿分鐘、

　　　　　　　　　　　　　地點＿＿＿＿

　　　　　　　　　　　　　持續時間：＿＿＿＿週

　　　　　　3. 說明團體規則：

　　　　　　4. 說明增強制：

　　　　　　5. 進行我喜愛的動物活動：發下紙張、正面畫出喜愛的動物、反面寫我的名字和喜愛的兩個理由、每人秀出畫，以後領導者全收起來，並抽出一張，由成員猜猜理由。直到彼此熟識為止。

範例

正面
我喜愛的動物：

反面
我的名字：＿＿＿＿＿＿＿
我喜愛牠的兩個理由：
(1)＿＿＿＿＿＿＿＿＿
(2)＿＿＿＿＿＿＿＿＿
或牠像我的兩個理由：
(1)＿＿＿＿＿＿＿＿＿
(2)＿＿＿＿＿＿＿＿＿

二、尋找感覺

活動說明：

假如是你的話，你將如何配對發生的事件和臉譜。

（依據你的感覺，從「事件」劃一條線連到一種「臉譜」）

我的小狗（寵物）丟失了！

我媽媽不允許我到朋友家過夜

明天要考試，我沒唸書

我聽到爸媽很兇的吵架聲

我在朋友面前騎車摔下來

我的好朋友竟然說我的壞話

考試時，我作弊被抓到

聽到一個同學溺水死了

三、小明煩惱什麼？

活動過程：

    1. 你能幫助小明找出什麼事讓他感到煩惱嗎？

    2. 小明有一點像你喔……

    3. 從小明的圖像連一條線到使他感到煩惱的事件。

*去看牙醫生

*被叫到老師的辦公室

*爸媽今晚的心情不知如何！

*不了解遊戲（競賽）規則

*上課時需要問問題

*記得幾點必須要回家

*明天要考算數（國語）

*…………

四、猜猜他人的感覺

活動說明：

　　假如是你，你會說什麼話，請將你要說的話填入圈圈中。並指出成人與小孩的感覺是什麼？

五、你的身體（察覺感覺的肢體表達）

活動說明：

1. 猜一猜人們如何透過他們的臉和身體表達他們的感覺？
2. 這些人的感覺如何？
3. 圈上他們用來表達感覺的身體部位。
4. 你是如何使用身體來表達你的感覺呢？

六、火山（如何處理生氣？）

活動過程：

1. 想一想什麼事讓你生氣？
2. 寫下：最讓我生氣是＿＿＿＿＿＿＿＿＿＿＿＿＿
3. 當你生氣時，處理的方式最像火山的哪一點：猛烈爆發、慢慢釋出，或壓抑生氣？
4. 寫下，當你生氣時你還會做什麼：＿＿＿＿＿＿＿＿＿
　　　　　　　　　　　　　　　　＿＿＿＿＿＿＿＿＿＿
　　　　　　　　　　　　　　　　＿＿＿＿＿＿＿＿＿＿

我爆炸生氣

我讓生氣慢慢釋出

我壓抑生氣（讓生氣壓著我）

七、與美美一起抵抗害怕（恐懼）

活動過程：

    1. 每一個人都有害怕的時候，對有些事件會特別害怕。

    2. 從美美的頭連一條線到救生圈，表示事件發生時，而你感到害怕，你會做什麼？

    3. 救生圈提供各種因應方法，請選擇並連線過去。

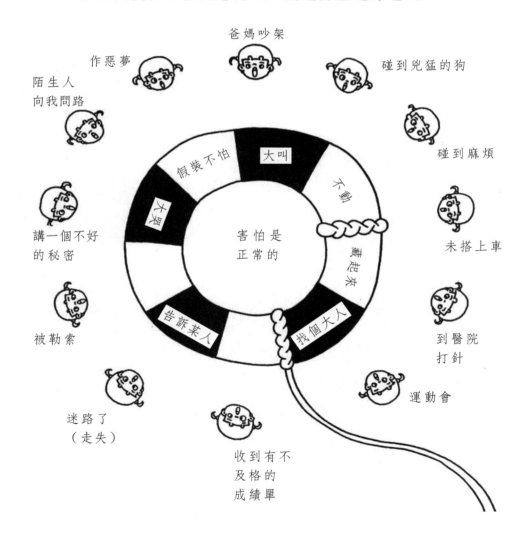

八、「情緒管理」總複習學習單：套戒指

活動過程：
1. 將手掌放在硬紙板上，描繪下來，剪下手掌圖。
2. 在每一手指上，列出引發五種不同感覺的事件，五種感覺為生氣、興奮、失望、孤獨、害怕。
3. 在白紙上設計戒指的圖樣，寫上感覺，然後依圖樣剪下，（a、b）的兩端接上。
4. 讓學生交換手指並將五種戒指分別套在他人的手指上，比較別人與自己有何不同的感覺。如「早上太遲起床，我套上生氣的戒指，而你也許套上失望的戒指」。牢記一點是，每人可將感覺戒指套在他人的任何手指，因為不同事件引發人們不同的感覺，每人都是獨特的。
5. 在每人手掌心寫上如何處理這些感覺，在交換戴戒指時，可同時參考別人如何處理他的感覺，而學到他人處理感覺的適當方法。

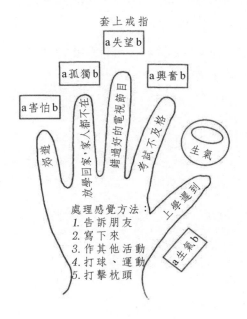

套上戒指

a失望b
a孤獨b　　a興奮b
a害怕b

考試不及格
錯過好的電視節目
放學回家，家人都不在
被選

生氣

處理感覺方法：
1. 告訴朋友
2. 寫下來
3. 作其他活動
4. 打球、運動
5. 打擊枕頭

上學遲到

a生氣b

(二)作業學習單（家庭作業）

作業學習單的實施很重要，它能促進兒童將所學的應用於平日的生活中。家庭作業的執行確有困難，領導者最好能將它加入「增強制」中，即有完成「作業學習單」者加以酬賞。

囧囧活動與其相對應的作業單

活動名稱	作業學習單名稱
尋找感覺	我的心情日記
小明煩惱什麼？	我的煩惱日記
猜猜他人的感覺	小小觀察員
你的身體	關心他人的肢體表情
火山	火山（如何處理生氣）
與美美一起抵抗害怕	超人抵抗害怕

- 以上適用於兒童每週一次諮商聚會活動，所以每週有一張作業學習單要完成。
- 兒童諮商活動聚會頻數最好要一次以上，即每週兩次較好。

一、我的心情日記

小朋友

每天都會發生好多事情

這些事情

有的讓我們開心、有的讓我們難過

記錄下你覺得特別的事情

畫上屬於你的心情臉譜

今天是	我覺得	因為	我覺得	因為
範例	◯	數學寫錯一題，不然就 100 分了	◯	媽媽帶我去吃好好吃的蛋糕
禮拜	◯		◯	
禮拜	◯		◯	
禮拜	◯		◯	
禮拜	◯		◯	
禮拜	◯		◯	
禮拜	◯		◯	
禮拜	◯		◯	

二、我的煩惱日記

小朋友，這是你的個人煩惱日記喔！是不是有很多煩惱的事不敢說？沒關係，只要把它寫下來，煩惱會飛走一半，如果你能跟你信任的好朋友、爸爸媽媽、老師分享你的煩惱，找出可能的解決方法，那你就可以戰勝你的煩惱了：

日期	我今天煩惱的事	我告訴誰我的煩惱	我怎麼解決煩惱
4/3	明天兒童節，爸爸媽媽會不會送禮物給我？	我跟老師說，我怕今年收不到禮物	老師跟我說：爸爸媽媽一定會給你禮物的，你再等一下就會有的

三、小小觀察員

嗨！各位小朋友們，今天要交給你們一個任務喔！這個任務呢，就是去觀察每個人的感覺，然後再將他的身體表情記錄或畫下來，觀察他的感覺是由哪些表情與動作組成的，記得，觀察得愈仔細愈好喔！

高興的　　快樂的　　悲傷的　　難過的　　驚訝的　　驚奇的　　有趣的
害怕的　　恐怖的　　羨慕的　　孤獨的　　生氣的　　羞恥的

	對象	感覺	眼睛	嘴巴	手	眉毛
範例	小明	很高興	○	○	○	
星期						
星期						
星期						
星期						
星期						
星期						
星期						

四、關心他人的肢體表情

你知道你身邊的人現在是什麼感覺嗎？多多觀察一下、注意一下，你會發現原來從大家的臉部表情或身體的姿勢，就可以看出他們的感覺囉！敏感別人的感覺、同理他們、做個體貼的好孩子喔！

	星期	星期	星期	星期	星期	星期	星期	例
對　　象								媽媽
地　　點								客廳
眉毛（∨）								∨
眼睛（∨）								∨
嘴巴（∨）								∨
手的姿勢（∨）								
腳的姿勢（∨）								
身體的姿勢（∨）								
情　　緒								生氣

＊記得寫對象（誰的感覺）、地點（在哪裡有這樣的感覺）還有那個人的情緒（感覺）喔！！

也要記得你從對方哪一個部位觀察到感覺，就在哪個部位打∨喔！！

五、火山（如何處理生氣）

活動說明：火山災難應變小組，為了幫助我們如何處理生氣，設計了這表格，希望藉著團體的分享與討論，使我們健康的處理生氣。

填表說明：請在你睡覺之前，回想一下，今天生氣了幾次，哪一次最讓你生氣？你如何去處理你的生氣？

生氣的處理類型：

我爆炸生氣

我讓生氣慢慢釋出

我壓抑生氣（讓生氣壓著我）

1 號　火山爆發型——

我爆炸生氣，使用暴力來處理。

例如：打人、摔東西、罵人，讓別人受傷……等。

2 號　火山慢慢釋出——

我讓生氣慢慢釋出。例如：告訴對方我的感受、或找好朋友說、在紙上亂畫、在沒有人的空地大喊、聽音樂、到操場運動等。

3 號　我壓抑生氣——

我不說話，繃著臉，生悶氣。

日期	生氣次數	最生氣的地點、原因	處理方法	感受	我下次應該怎麼做比較好
	4	教室，因為王小明拿我的鉛筆盒不還我	1 號	(2)	我應該告訴他我在生氣，而不是拿課本丟他

生氣處理完的感覺：(1)   (2)

六、超人抵抗害怕（恐懼）

　　我＿＿＿＿＿是世界上最強的超人，一切的事情都難不倒我ㄛ！哈哈，不管遇到什麼令我害怕的事，我都有辦法處理！嗯，害怕是正常的感覺！可是要如何面對它呢？我來教你吧……

星期						
事件／情況						
因應方法						

因應方法：

A.告訴某人　　B.哭　　C.大吼大叫　　D.藏／躲起來　　E.找大人商量
F.假裝不怕　　G.拔腿逃跑　　H.想辦法解決　　I.乖乖受罰／反省

■事件實例

父母吵架　　　拔牙　　　被老師鞭打　　　被勒索　　　其他

部分五

有效溝通與人際關係

20 溝通技巧重要性

溝通技巧一直被視為有效生活的重要技巧（Gazda, Asbury, Balzer, Childers, & Walters, 1984）。它能促進正向的人際關係及有效的解決人際問題。因此它是所有技巧訓練的基礎。溝通技巧與人際關係，在以往主要應用在精神病患當作是一種處遇（treatment）（Sprafkin, Gershaw, & Goldstein, 1993）。近來生活技巧的預防性應用也發展出來。學校應該在兒童期，施以最重要且基本的人際關係與溝通訓練，以促進預防與發展的效果。

溝通技巧與人際關係、自我概念和心理健康

社會行為涉入兒童生活的各方面，並且影響他們後來的環境適應與幸福。個體有能力與人相處，且從事正面行為決定他在友伴、教師、父母及其他重要他人中的受歡迎程度（Matson & Ollendich, 1988），相反的，它的匱乏影響青少年犯罪（Roff et al., 1972），中途輟學（Ullman, 1975），及心理健康（Cowen et al., 1973）。兒童具有溝通技巧，會避免以語言和身體的攻擊行為，如罵人、打人、頂嘴（對成人）、與同輩爭執和侵犯他人的權益（如，拒絕輪值、插隊等），這些行為會影響他的自我概念、人際關係及心理健康。

溝通技巧是社會化課程的重心

在很多社會化課程中都著重自我的強化和關係的強化：兩種目標（self-enhancement & relationship enhancement）。大部分的關係強化注重「同理心」和「溝通技巧」訓練（Carkhuff, 1973; Gorden,

1970）。

　　這種強調預防與發展取向的輔導對象應是一般正常個體。雖然這些技巧被認為應該在家庭教導，但是少有家庭負起這個責任。實際上，成人都缺乏這些技巧。甚至屬於溝通取向領域的專業，如，心理學、教育、醫護人員，都需要修這類課程以改善他們與他人的溝通。同樣的，工商界每每以大筆的花費為他們的員工或經理級人員提供溝通訓練。因此，學校在可塑性最大的兒童期施以溝通技巧訓練是非常需要的。

兒童期「人際溝通／人際關係」的發展任務

　　人際溝通／人際關係訓練課程的設計，必須要考慮被訓練者的階段性的發展任務。換言之，課程目標是要幫助他們達到該階段的發展任務。Gazda（1989）將生活技巧領域分成：人際溝通／人際關係，解決問題／作決定，身體健康／健康的維持，以及認同發展／生活目標等四大類。

　　技巧項目是透過美國國家 Delphi 研究，確認兒童期、青少年，以及成人期生活技巧描述語呈現。這些描述語是集合多位美國發展心理學家，在一次座談會討論中，經過他們的判斷所決定的，在描述語後儘可能附上該技巧獲得的年齡常模範圍。即一生中獲得該項技巧的大約時間。以下列出兒童期的人際溝通／人際關係的發展任務。

人際溝通／人際關係定義

　　使用語言及非語言與他人做有效的溝通，且有助於關係的建立所必要的技巧；人際親密關係的管理；清楚的表達意見和觀點；給與和接受回饋等。

兒童期在人際溝通／人際關係發展任務描述語

1. 透過合作的遊戲滿足個人的目的（5-7 歲）。
2. 友伴一起工作和遊戲（6-8 歲）。
3. 重視個人的隱私並尊重他人（7-8 歲）。
4. 對人際關係應用（apply）抽象原則，如公平（7-9 歲）。
5. 在團體決定中重視民主過程（7-11 歲）。
6. 了解並遵循遊戲規則（7-11 歲）。
7. 從他人的觀點去看人際關係（7-12 歲）。
8. 與同輩建立基本的認同（identification）（8-10 歲）。
9. 尊重他人（8-10 歲）。
10. 傾聽他人（8-10 歲）。
11. 同理的反應（8-10 歲）。
12. 透過「妥協」解決人際衝突（8-10 歲）。
13. 尋找適當的解決衝突方法（8-10 歲）。
14. 區分果斷和攻擊（8-10 歲）。
15. 區分競爭和衝突（8-10 歲）。
16. 區分領導和支配（8-10 歲）。
17. 能夠建立、維持友誼，或適當的結束友誼（8-10 歲）。
18. 在人際情境中能以他人的立場觀之（10-13 歲）。
19. 形成人際關係應基於相互的認同及尊重原則（10-15 歲）。
20. 容忍不同的意見，同時不怕擁有分歧的看法。

　　兒童期一般分為兒童前期（5-7 歲），兒童中期（8-10 歲），以及兒童後期（11-13 歲）。以上所列出的技巧描述語橫跨了兒童前、中和後期三個階段的重要發展任務。

　　從以上發展任務描述語來看，它包括幾個重點，即(1)溝通（交談）的基本技巧，(2)如何交朋友和維持友誼的技巧，(3)人際

衝突處理技巧等三大項。

21 溝通技巧／人際關係課程

筆者參考上面兒童期在人際關係／人際溝通的發展任務，同時參考 Sprafkin 等（1993）、Geldard 等（1997）及筆者──黃月霞（1993）社會技巧課程中有關「溝通」部分，提出以下的課程。

8-8 溝通技巧／人際關係課程綱要

主要領域 （一般目標）	次要領域 （具體目標）	活動設計
㈠有效的溝通 　（或交談）	1.「打開」和「打斷」溝通 2.積極傾聽 3.開始一個交談 4.選擇適當主題 5.回饋──反映感覺或問問題 6.恭維人 7.說「謝謝」 8.說「對不起」 9.結束交談	
㈡衝突處理	1.衝突處理──退縮、攻擊與自我肯定 2.自我控制 3.維護自己的權利 20.打架─情境 5.妥協 6.自我肯定─我─陳述（訊息）	
㈢交朋友和維持友誼	1.邀請 2.協助 3.外表修飾 4.打招呼 5.合作與分享 6.處理被拒或冷落 7.處理「閒話」	

兒童有效溝通與人際關係訓練

一旦兒童接受「情緒管理」訓練後，能確認自己和他人的感覺，且能適當的表達他們的感覺，他們較能做有效的溝通。換言之，上單元「情緒管理」是有效溝通的先決條件或重要元素。溝通是兩人或兩人以上的交流，需要一人開始，另一人做反應。

在兒童早期，友伴的互動表現在一起遊戲。然而，稍大後，互動較以友伴的接納、親密為焦點。友誼的重點，從實際的行動（動作）轉向對他人感覺和情緒察覺的增加。

兒童中期，7-11 歲，兒童的社會接觸增加且能確認「好朋友」。由於好朋友的確立，他們開始表露彼此的承諾。攻擊性的互動減少，而友誼涉入更多的語言互動。因此學會適當的溝通是重要的。否則他們無法建立滿意的社會關係。他們也要學會處理被冷落、嘲笑、忽視等。

Geldard 和 Geldard（1997）主張有效的與他人溝通分成三個次領域：

⑴交朋友。

⑵處理被冷落（被拒絕）。

⑶解決衝突。

為教導兒童學會交朋友、處理被拒絕，和解決衝突，領導者必須設計一些活動來達成此三領域的目標。以下是目標陳述與活動的說明。

※有效溝通的一般目標、具體目標和活動

一般目標	具體目標	活動
有效溝通	交朋友	1. 選擇交談話題 2. ？？問題？？
	處理被冷落（拒絕）	3. 給姑姆的勸言 4. 說閒話
	解決衝突	5. 打架與爭吵 6. 攻擊、退縮和自我肯定

※活動與活動目標

活動名稱	活動目標
1. 選擇交談話題	慎選交談主題 如，多恭維、講好話、不批評
2. ？？問題？？	學會問問題 如，為什麼？如何？什麼？當？
3. 給姑姆的勸言	學會被他人拒絕、冷落時的適當處理方法
4. 說閒話	學會處理或因應被邀一起講他人壞話 如何處理自己被講閒話
5. 爭吵與打架	察覺自己與他人爭吵或打架的重要原因
6. 「攻擊」、「退縮」和「自我肯定」反應	如何避免以攻擊和退縮方式處理惹麻煩 養成以「自我肯定」方式處理

22 諮商聚會活動的說明

交朋友

　　下面兩個活動能幫助兒童如何交朋友：「交談話題」與「？？問題？？」。

活動名稱：選擇交談話題

活動目標：慎選交談主題，如，多恭維、講好話、不批評、有禮貌

活動說明：此活動建議，兒童在見面（開學）時或平時交談時。問小孩哪些話題是適當的。並討論未被選擇的不適當話題，會引發他人什麼反應。此活動，幫助孩童想一想在不同情境的適當交談話題。

　　　　　　另外，討論在平時如何避免「打斷」交談或該如何「維持」交談。強調禮貌、恭維、不批評常會讓他人喜歡與你交談，促進友誼。

活動名稱：？？問問題？？

活動目標：學會問問題，如，為什麼？如何？什麼？當？

活動說明：此活動，教導兒童如何使用「問題」和「回答」去開始交談和維持交談。要求小孩以「什麼」？、「哪裡？」、「如何？」、「何時？」、「為什麼？」以及「誰？」等作為問題的開頭，「問問題」可以蒐集資訊，而輔導員或其他成員可以創意的回答並構成故事。鼓勵多問問題，同時鼓勵孩子依圖講不同的故事。交談不能只有傾聽，也要提出問題，才能使交談持

久，彼此交流、蒐集資訊加深彼此的認識，才能加深友誼。

處理被冷落

下面兩個活動能幫助兒童適當的處理被冷落，或被拒絕：「給姑姆的勸言」、「說閒話」。

活動名稱：給姑姆的勸言（或建議）

活動目標：學會被他人拒絕、冷落時的適當處理方法

活動說明：被冷落或被拒絕是小孩在家和在學校常有的經驗。此活動，幫助小孩探討他對被冷落的反應。輔導員要求小孩談談過去被拒絕的經驗，並討論他的反應。諮商員認可孩子的感覺，並鼓勵孩子探討其他可行的反應。學會健康的處理被拒絕或冷落，對他們的人際關係是重要的。

活動名稱：說閒話

活動目標：學會處理或因應被邀一起講他人壞話

學會如何處理自己被講閒話

活動說明：閒話會傷害社會關係，結果會導致小孩被冷落。此活動幫助小孩探討，當他被邀請加入講閒話時的適當反應。另外，讓小孩探討，當他被講閒話而感到被冷落時的反應。

另外，可邀請小孩角色扮演情境，而以適當方法因應「被邀請一起說閒話」與「被說閒話」。

解決衝突

下面兩個活動幫助兒童學習如何處理人際衝突：「打架（爭吵）」和「攻擊、退縮與自我肯定」式的反應。

活動名稱：爭吵與打架

活動目標：察覺自己與他人爭吵或打架的重要原因

活動說明：人際間的衝突解決要求了解、應用技巧和練習。很重要的，小孩要知道衝突發生的原因，和了解自己對衝突的反應。此活動，邀請小孩去想一想為什麼會打架——各種原因，鼓勵他們談一談，經常發生在學校和在家的衝突情境，並想想這些是怎麼發生的。

藉著分享，小孩可能發現有些原因別人不至於發生打架，而自己呢！

活動名稱：「攻擊」、「退縮」，和「自我肯定」式的反應

活動目標：如何避免以「攻擊」和「退縮」方式處理惹麻煩
養成以「自我肯定」反應方式處理

活動說明：此活動，探討回應衝突的不同方法。反應有兩個極端，一種是像一隻縮頭烏龜，牠的反應可能是膽小的、害怕的和逃避的、無助的受害者。相反的，另一種反應是攻擊的、欺人的、呈威風的、控制人的、罵人的。鼓勵小孩以自我肯定（果斷）方式因應衝突，尤其在「我」的部分。表達我的感覺，不壓抑感覺。維護自我的權利。適當的說「不」，但要注意說話時的肢體語言。

輔導員也要認可孩童的情緒感覺，在衝突情境，是否是害怕或是生氣。

有效溝通總複習活動：故事諮商

活動名稱：鮭魚岩石的教訓……打架導致孤獨

輔導目標：

1. 了解目前的抗拒與攻擊行為，和過去的分離、喪失親人或被遺棄等問題有關聯。
2. 確認和表達與過去分離、喪失親人或被遺棄有關聯的感覺。
3. 減少抗拒和攻擊行為的嚴重性。
4. 透過語言和健康的身體發洩來表達感覺。
5. 表現同理、關懷和敏感他人的想法、感覺和需求。

輔導過程：

1. 輔導者先閱讀此故事。它是有關阿拉斯加一隻棕色熊──巴克力的故事。由於被其父親所遺棄而變得很攻擊。藉著其力量與攻擊變成熊王，但終究發覺自己很孤單。最後它察覺做其他熊的好朋友感到更多的快樂和力量。
2. 建立放鬆的氣氛。先花幾分鐘與兒童聊天，很舒服的坐著。然後聆聽故事。（講故事時，在表達時要有精神且很自然）
3. 分享故事的目的是幫助兒童了解和察覺──抗拒和攻擊行為如何和過去與重要他人的分離、失去所愛的人、被遺棄產生關聯。藉著支持氣氛，希望兒童能打開自己並分享其經驗。領導者要注意傾聽時與問問題時的語氣。
4. 下面的問題提供你參考。要敏感兒童的回答。（回答不出時，不勉強）

   故事中，巴克力由於父親（達庚）的離開感到生氣。假如你是巴克力，你會對達庚說什麼？

   _____

   _____

⑴假如你有相同的經驗（分離、失去親人），你會對他說什麼？

_____

_____

⑵當你第一次經驗到與親人（父、母）分離或失去時，有什麼感覺？

_____

⑶目前對於分離或失去，有什麼感覺？

_____

⑷故事中，巴克力以生氣和攻擊表達與父親分離，以及被索兒打敗的反應。你是如何（至今）表達生氣？

_____

_____

⑸尼克來幫助巴克力察覺，他的打架終究引發他感到孤單。你的打架或攻擊如何影響你與家人、朋友，或同輩的關係？

_____

_____

⑹指出三種你表達生氣的方法。同時，此方法能讓他人知道你的感覺，但不會傷害到自己或他們。

A._____

B._____

C._____

⑺尼克來幫助巴克力發現分享和作朋友的力量。指出你能與他人分享，和作朋友的方法。

A._____

B._____

C._____

鮭魚岩石的教訓……打架導致孤單

　　阿拉斯加是地球北方的邊界。它是一個獨特的地方，因為沒有其他地方有北極熊。阿拉斯加有棕色熊和美洲熊。這三種不同的熊象徵阿拉斯加野地的美和力量。

　　巴克力是隻棕色熊生活在阿拉斯加。他在一個寒冷的冬天出生，母親叫齊娜，父親叫達庚。在整個冬眠中他們住在山洞，他依偎在母親的懷中。春天時，他們被昆蟲的吱吱叫響吵醒，他以青春有力姿態躍出山洞。他的父母告訴他，他們要離開冬天山上的家，要下到山谷去。

　　然而，下山後，他們發現很多最好的掠魚地點，已被最大的棕熊占去，很快的，達庚發現一個最好的抓魚地方，但馬上一個1500磅重的大棕熊出現在樹林中。他粗暴的命令達庚和其家人離開此河邊。此熊很生氣並猛烈撲上達庚。達庚勇敢的作戰，但無法與又大又強壯的熊對抗。達庚最後失敗的逃離。他被羞辱且在家人面前感到羞愧。那天晚上他都不說話。

　　巴克力隔天一早起來發現父親不見了。他向曠野大聲喊叫，到叢林與河邊尋找都找不到。那天他一直等到晚上但都沒回來。他又繼續尋找了一星期。他感到很傷心且很混亂。他不敢確定父親是否受傷或僅是羞愧而離開。巴克力告訴母親他要出去尋找父親。齊娜從語氣上，可以感受到兒子的傷心和生氣，而同意讓他走。所以，巴克力開始尋父之旅。

　　那個暑假過去了而溪流充滿了跳躍的鮭魚。巴克力每天在河邊看有多少美味的魚可以抓。所有的鮭魚都努力的往上游到他們最後的目的地。巴克力很驚訝看到那麼多的魚。當他一起與它們往上走，他來到一個六英呎高的瀑布。瀑布的頂端有一些小的和中等大小的岩石形成一個橋，此橋可以到一個大岩石。巴克力爬上岸邊而到瀑布頂端，且沿著石頭小徑到大岩石。他爬上、站上

岩石上，準備去抓跳上來的魚。一隻魚突然跳出像高射砲一樣，巴克力準備去抓他，但突然間，他感到腳底岩石的震動。他不再想到魚，而是出現在他眼前的大熊。那一隻熊兇猛的向他吼叫，說：「你在鮭魚岩石做什麼？我叫陀兒，是熊王，鮭魚岩石屬於我的！」巴克力感到驚慌。他回答，發生了什麼問題嗎？這個岩石夠大為我們倆共用。陀兒喊叫著，「離開我的岩石。我不想再看到你來到這條河」。他用他的大爪拍打他。巴克力跌落水，被沖到瀑布底下。水的衝力那麼大，使他無法再往上游50碼。巴克力努力靠近河邊游去，最後，抓住一根樹，讓自己攀上岸邊。

　　巴克力抖掉身上的水，並希望他父親在岸邊為他打氣。巴克力的內心充滿了憤怒和羞愧。同時，他發誓他絕不再受這種待遇。他自言自語說，「我明年會再來，而變成新的熊王，我會重新站回鮭魚岩石。」

　　秋季很快過去，巴克力找到一個舒服的洞穴以度過漫長的冬天作為冬眠之用。冬天過去後，他又到山丘下的河邊。記得他的誓言回到鮭魚岩石。在他回到鮭魚岩石行程中，他與其他熊打戰，以測試他的體力。他打敗十隻熊，但他並未停留抓魚之處。他要的是最重要的地方──鮭魚岩石。巴克力最後來到鮭魚岩石，大聲吼叫讓陀兒知道他的存在。陀兒立刻站起來，大聲咆哮說：我記得我警告過你不要再回來，而你不理我警告。此次我會比上次更厲害的對待你。巴克力回答：我已經不再是以前的熊啦！你很快就會發現。巴克力跳上岩石，接著是一場廝殺之戰。此次。巴克力抓住陀兒的身體並將他丟入水中。陀兒很快的被水的力量沖向下游。當他隱浮水面時，巴克力吼叫：我是新的熊王。我實現了我的誓言。現在是你必須離開，不能回來。巴克力的消息傳遍了鄰近的山和平原。新來者常來向巴克力挑戰以爭取熊王頭銜，但每次都失敗。巴克力變得更有自信。

　　有一天巴克力離開岩石出去採草莓。當他不在時，一隻小的

天真的熊，名叫尼克來，爬上岩石抓魚。當新熊王看到了小熊在他的寶座上時，非常的生氣，命令他離開。巴克力很驚訝，當尼克來抬頭看他並說：我想這地方夠大為我們倆共用，是不會有問題的。這正是以前他告訴陀兒的話，巴克力用爪攻擊他使他掉入水中。巴克力說：你不可再踏上鮭魚岩石，我是熊王。回到你的家與家人在一起。尼克來大聲的回應：我會回家，且當我看到今晚北方星辰閃爍，我與家人在一起會很快樂，然而，你會感到孤單，一個人在冰冷岩石上，只擁有熊王的頭銜。我想我不需要再回來。

　　那晚，當北方天空星辰閃爍時，巴克力坐在岩石上。尼克來的話回繞在心中，而他真的感到孤單。巴克力努力告訴自己是熊中最有權力的，藉此嘗試去消除孤單的感覺。然而這種自我一再的保證，還是無效。他首次察覺到，由於他的生氣和兇猛，嚇跑了任何可能成為朋友的朋友。巴克力心情崩潰了並流下淚來。他為失去父親哭泣。離開母親哭泣。為自己沒有朋友感到孤單而哭泣。

　　巴克力幾乎不動的留在岩石上兩天。在第三天，他決定離開鮭魚岩石，到其他地方尋找食物。在行程中，他偶然碰到一個熊家庭在水中抓魚。巴克力有趣的看到，最小的熊很努力抓但抓不到而很挫折的樣子。巴克力靠近看驚訝的的發現，原來那隻竟是尼克來。巴克力大喊：小子！怎麼回事！不能抓到魚嗎？尼克來回答，「喔！不必管我，我一直沒回到鮭魚岩石打擾你，所以我不需要你到我家來捉弄我。」

　　巴克力突然有一種陌生的感覺。他看著幼小的熊且讚嘆他的勇氣。巴克力說，「跟我到一個地方確保你能抓到魚。跟我到鮭魚岩石。那裡有足夠的地方為我們倆。」尼克來說話前猶豫了一下，「我想你不讓任何人在你的寶座。我怎麼能信任你不會將我又丟回河裡？」巴克力分享，「我發現你說的話是真的，我發現

當你一個人單獨坐在上面，鮭魚岩石是一個寂寞的地方，我喜歡你能回來和我一起抓魚。」尼克來勉強要求，「我可不可以帶家人一起來？」巴克力和氣的回答，「當然。」

巴克力讓尼克來和他的家人回到鮭魚岩石。鄰近的熊很驚訝看到巴克力分享他的空間。日子過去了，巴克力發現與尼克來家人一起分享，比自私和孤單更快樂。他感到與他人分享多麼好，巴克力確信所有的熊都有公平的機會在鮭魚岩石抓魚。藉著分享，巴克力發展交朋友的能力。他不再滿足於當熊王。而是認識到，在做他人的好朋友時，找到內心的平安。

巴克力與其他很多熊分享鮭魚岩石生活得很好。同時，當東方的星辰很炫目的呈現在夜晚時，他相信尼克來就在他的身邊一起享受美景。啊！阿拉斯加！地球上沒有一個地方像你一樣美。

（以上的活動編譯自 Jongsma, Mark Peterson, & McInnis, 1999）

部分
六

「有效溝通／人際關係」
的諮商聚會活動

本部分分為兩節：㈠提供有效溝通的「活動學習單」，及㈡提供每次活動後的家庭作業，即「作業學習單」。

㈠活動學習單

⅍活動順序與活動名稱

活動順序	活動學習單名稱
一	開始交談的話題
二	？？問題？？
三	給姑姆勸言
四	說閒話
五	打架！！！！！
六	泰利、泰倫和我
七	總複習：鮭魚岩石的教訓……打架導致孤單

- 活動七「鮭魚岩石的教訓……」的故事，請看部分五。
- 有關每一次聚會的「活動目標」、「活動說明」請看部分五。
- 有關每次聚會學習單的進行方式，請依「活動學習單」上的過程說明進行。
- 領導者要切記每一活動要達成的目標，並確實達成。藉家庭作業的實施，使兒童將所學的技巧類化於日常生活中。

一、開始交談的話題

活動過程： 1.說明「開始交談話題的選擇」的重要性。
2.在下面五種交談話題中，勾選你認為適當的話題。
3.說明為何它們適合在見面時（開學）談的話題。
4.說明有些話題你沒勾選的理由。

二、??問題??

活動過程：

1. 看看下面的插畫。
2. 為得到更多有關圖畫的資訊，每人問三個問題。
3. 問題的開頭為：

(1)什麼？……　　(2)在哪裡？……

(3)如何……　　(4)當……

(5)為什麼？……　　(6)誰？……

三、給姞姆的勸言

活動過程：

　　1. 圖片說明：姞姆需要協助。姞姆有一個哥哥，他常被邀請
　　　到叔叔家過夜，以便能早起和叔叔一起到農場。每次姞姆
　　　也要求要去，但叔叔總是回答，「你還太小，下次再去」。

　　2. 討論「當你被拒絕或被冷落時」，你會做什麼？

　　3. 從下面選項中。勾選你處理的方式：

　　　(1)生氣。

　　　(2)哭泣。

　　　(3)告訴某人我的感覺。

　　　(4)什麼話不說（沈默）。

　　　(5)作一些動作（小題大作），引人注意。

　　4. 分享哪一些是適當的方法？

四、說閒話

向他人說一些不實的事情，就是說閒話者
閒話可能傷人，且讓對方覺得被冷落。

活動過程：

1. 請閱讀下圖，想一想，假如你是貞尼，你感覺如何？
2. 假如他人邀你一起講閒話，你能做什麼？請勾選。
   □我們談其他的事情好嗎？
   □我不太認識他們，所以我不知道那是否是真的！
   □我想你們在說人閒話喔！
3. 假如人們講你的閒話，你會怎麼做？請勾選。
   □為了公平，我們也講他們的閒話。
   □告訴對方「你是說人閒話者」並要求他停止。
   □請求他人協助你解決你的問題。
4. 分享大家的回答，並討論其優、缺點如何？

※假如人們問你有關他人的一些問題，而你可能被抓到在講人
   閒話。下面是個好原則：假如你不能說好話，就什麼都不說

五、打架！！！！！

活動過程：

1. 逐項討論下表所列是否是打架或爭吵的原因：

捉弄	說人閒話（壞話）	搬弄是非
欺騙	偷竊（偷東西）	推擠他人
逞威風	說謊	攻擊、撞人
不守承諾	誇示、自大	不相信人

2. 每人列出最常引發他與人爭吵或打架的五項，並舉出理由。
3. 每人列出最不會引發他與人打架的五項，並舉出理由。
4. 從第 2 題，歸納五項是全組成員都同意的事項。
5. 從第 3 題，歸納五項是全體都同意的事項。
6. 在下圖的對話框中寫下自己一句不引發爭吵的話。

※寫下你跟他人爭吵或打架的其他原因＿＿＿＿＿＿＿＿＿＿

＿＿＿＿＿＿＿＿＿＿＿＿＿＿＿＿＿＿＿＿＿＿＿＿＿＿

※你能想出人們吵架的其他任何理由嗎？＿＿＿＿＿＿＿＿

＿＿＿＿＿＿＿＿＿＿＿＿＿＿＿＿＿＿＿＿＿＿＿＿＿＿

六、泰利、泰倫和我

活動過程：

1. 本活動的目標是，當有人要與我爭吵或打架時，要選擇一種堅定、非威脅、自我肯定（果決）的態度作反應。
2. 將圖中的點連接起來以找到泰利（上圖）。
3. 將圖中的點連接起來以找到泰倫（下圖）。

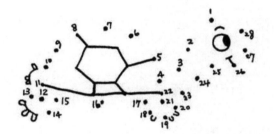

你想假如泰利惹上麻煩時，他會做什麼？

_____

_____

_____

_____

你想假如泰倫惹上麻煩時，他會做什麼？

_____

_____

_____

_____

在下面的虛線上寫上，假如你惹上麻煩時，你會做什麼？

七、有效溝通總複習活動：鮭魚岩石的教訓……
　　打架導致孤單

聽完故事後，請回答下面問題：

(1)巴克力由於父親（達庚）的離開感到生氣。假如你是巴克力，你會對達庚說什麼？

_____

(2)假如你有相同的經驗（分離、失去），你會對他說什麼？

_____

(3)當你第一次經驗到與親人（父、母）分離或失去時，有什麼感覺？

_____

(4)目前對於分離或失去，有什麼感覺？

_____

(5)故事中，巴克力以生氣和攻擊表達與父親分離，以及被索兒打敗的反應。你是如何（至今）表達生氣？

_____

(6)尼克來幫助巴克力察覺，他的打架終究引發他感到孤單。你的打架或攻擊如何影響你與家人、朋友或同輩的關係？

_____

(7)指出三種你表達生氣的方法。同時，此方法能讓他人知道你的感覺，但不會傷害到自己或他們。

　　A._____

　　B._____

　　C._____

(8)尼克來幫助巴克力發現分享和作朋友的力量。指出你能與他人分享和作朋友的方法。

　　A._____

　　B._____

　　C._____

＊每人必須回答 6、7、8 題。

㈠有效溝通的「作業學習單」

　　作業學習單的實施很重要，它能促進兒童將所學的應用於平日的生活中。家庭作業的執行確有困難，領導者能將它加入「增強制」中，即有完成「作業學習單」者加以酬賞。

⯎⯎活動與其相對應的作業單

活動名稱	作業學習單名稱
開始交談的話題	我能稱讚他人
？？問題？？	問問題
給姁姆的勸言	如何處理被拒絕
說閒話	我不閒言閒語
打架！！！！！	非打不可麼？
泰利、泰倫和我	以自我肯定——處理打架或爭吵情境

- 以上適用於兒童每週一次諮商聚會活動，所以每週有一張作業學習單要完成。
- 兒童最好諮商活動聚會頻數多，即每週兩次更好。

一、我能稱讚他人

　　什麼話才是好聽的話呢？你對別人說的話會不會傷害到他人？或者別人說的話會不會讓你覺得難過？讓我們來做記錄吧！請將你每天跟家人、朋友或同學說的話記錄下來，並觀察對方的反應……

	跟誰說話？	在哪裡？	說了什麼……	他（她）覺得……
範例	媽媽	客廳	媽媽您工作辛苦了	∨
範例	爸爸	餐桌	爸爸煮的菜好難吃喔	∼
星期五				
星期六				
星期日				
星期一				
星期二				
星期三				
星期四				

反應類型	記號	反應類型	記號	反應類型	記號
高興	⌒	興奮	£	其他	？
滿足	∨	傷心	∼		
生氣	⋘	沒有反應	！		

二、ㄟㄟㄟ問問題ㄟㄟㄟ

各位小朋友：

　　我們為了得到更多的資訊，每人在框框內問問題。

小華想跟小玉一起玩

例如：「哪裡？」，問：我們要去哪裡玩？
「什麼時候？」，問：＿＿＿＿＿＿＿＿＿
「什麼？」，問：＿＿＿＿＿＿＿＿＿＿＿

小華邀請小明去小玉家玩

「為什麼？」，問：＿＿＿＿＿＿＿＿＿
「誰」，問：＿＿＿＿＿＿＿＿＿＿＿＿

小華想問老師他上課聽不懂的地方

「何時？」，問：＿＿＿＿＿＿＿＿＿＿
「為什麼？」，問：＿＿＿＿＿＿＿＿＿
「如何？」，問：＿＿＿＿＿＿＿＿＿＿

小華想和麗珍作朋友

「誰？」，問：＿＿＿＿＿＿＿＿＿＿＿
「在哪裡？」，問：＿＿＿＿＿＿＿＿＿
「什麼？」，問：＿＿＿＿＿＿＿＿＿＿
「如何？」，問：＿＿＿＿＿＿＿＿＿＿

三、處理被拒絕

　　小朋友，想想看，在日常生活中，我們是不是像娃姆一樣常覺得自己被冷落、被拒絕呢？以前的你是如何處理的？現在的你知道要如何處理了嗎？

生氣
哭
告訴他我的感覺
什麼都不說（沈默）
作引人注意的動作（如踢小狗、用力關門……等）

請寫下自己曾被拒絕的經驗，以及當時是如何處理的，並告訴我們現在的你會如何處理。

以前的經驗：＿＿＿＿＿＿＿＿＿＿＿＿＿＿＿＿＿＿＿＿
＿＿＿＿＿＿＿＿＿＿＿＿＿＿＿＿＿＿＿＿＿＿＿＿＿＿

以前的我：＿＿＿＿＿＿＿＿＿＿＿＿＿＿＿＿＿＿＿＿＿
＿＿＿＿＿＿＿＿＿＿＿＿＿＿＿＿＿＿＿＿＿＿＿＿＿＿

現在的我：＿＿＿＿＿＿＿＿＿＿＿＿＿＿＿＿＿＿＿＿＿
＿＿＿＿＿＿＿＿＿＿＿＿＿＿＿＿＿＿＿＿＿＿＿＿＿＿

請寫下這個禮拜被拒絕的經驗，並告訴我們現在的你是如何處理的。

這個禮拜的經驗：＿＿＿＿＿＿＿＿＿＿＿＿＿＿＿＿＿＿
＿＿＿＿＿＿＿＿＿＿＿＿＿＿＿＿＿＿＿＿＿＿＿＿＿＿

現在的我：＿＿＿＿＿＿＿＿＿＿＿＿＿＿＿＿＿＿＿＿＿

四、我不聞言聞語

你有被說過閒話嗎？當時你的感覺如何？如果有人在你的面前，甚至跟你說別人的閒話，或者你發現有人說你的閒話，你會怎麼處理呢？

……仔細想想他人的感受喔！

	聽到什麼？	我的想法……	如何處理？	結果／更好的處理
範例～	我聽到小明說我很驕傲，很自以為是。	我並沒有啊！小明怎麼可以亂說話。我覺得很生氣！	1	我跟小明關係變得很不好。我應該使用第三種方法才是。
範例～	我聽到小華說小豬笨得跟豬一樣，難怪名字裡有「豬」字。	小豬並不笨啊！他只是不喜歡讀書，他很會畫畫。	6	小華虛心接受我的規勸，並跟小豬道歉。這是個不錯的方法。
星期＿				
星期＿				
星期＿				
星期＿				
星期＿				

1. 為了公平，我也講他的閒話
2. 直接制止她說閒話
3. 請求他人協助我解決問題
4. 不在乎，當作沒聽見
5. 轉移話題到其他的事情上
6. 規勸他，別講他人的閒話
7. 其他（寫出你的處理方法）

五、非打不可嗎？

小朋友，你在學校或家裡常與他人爭吵或打架嗎？讓我們來記錄一下，看看自己是：

和平使者！　　　衝動兒！

暴躁脾氣者！　　拳王阿里！

日期	對象	地點	事情（號碼）	結果	一定要吵	自我評估： 1. 和平使者 2. 衝動者 3. 脾氣爆躁者 4. 拳王阿里
星期	小明	走廊	1	爭吵	否	2
星期						
星期						
星期						
星期						
星期						

1. 捉弄	2. 說人閒話（壞話）	3. 搬弄是非
4. 欺騙	5. 偷東西	6. 推擠別人
7. 逞威風	8. 說謊	9. 攻擊、撞人
10. 不守承諾	11. 誇耀、自大	12. 不相信人
13. 其他：		

本週總評估：我是＿＿＿＿＿＿。

（　　）和平使者！（0 次）　　　（　　）衝動兒！（3-4）

（　　）暴躁脾氣者！（1-2）　　（　　）拳王阿里！（5-7）

六、以自我肯定式反應──處理爭吵或打架情境

當我們和他人有發生對立時，常會有爭吵或打架產生，我們如何以「非威脅性」之方式來處理，避免傷害朋友關係、自我形象與心理健康。

請回憶記錄：(1)退縮型反應：逃避、害怕、罪惡感、壓抑感覺……

(2)攻擊型反應：罵人、打人、爭吵、威脅

(3)自我肯定型反應：語氣溫和但堅定，表達或分享你的感覺與看法給他人、妥協道歉……等

星期　　事項	星期	星期	星期	星期	星期
今天有無爭吵（「有」請打∨並往下填寫）					
爭吵【地點】					
爭吵【對象】					
爭吵【原因】					
當時我的感覺（如：生氣、委屈、難過……等）					
當時我的處理方式選擇(1)或(2)或(3)					
其實我可以有更好之策略來處理（舉例）					

部分

七

「自我管理」——
與認知有關的社會技巧

23「自我管理」的重要性

　　個體有時知道如何表現適當的人際互動行為，但往往缺乏自我控制力，而衝動的做出不當的行為。兒童更是如此。因此有效的社會技巧訓練，除了「情緒管理」外，也要包括「自我管理」訓練。

　　一個具有社會能力的兒童，必須能夠確認和表達感覺，具備有效溝通的技巧同時，要能察覺和管理（控制）自己的行為。察覺自己的行為，能幫助他敏感來自他人的回饋線索，並在人際互動中，察覺自己行動的適當時機和控制。在管理自己的行為上，他需要了解和認識行為的後果，改正不當的人際互動行為，表現出社會能接受的行為，並「增強」自己的正向社會行為。

　　注意力缺乏或過動偏差兒童常會經驗到，與友伴和成人的關係不良。由於他們的衝動、侵犯、攻擊行為和不良的社會技巧，常與他人爭論與爭吵。他們捉弄、講壞話和以糊塗行為去困擾和反對他人。由於他的行為，他們也受到他人的捉弄與欺侮。往往過動或衝動兒童，最後會感到被其友伴拒絕和被孤立的感覺。同時，這些兒童會受到低自尊之苦，並感到憂鬱和焦慮。因此，自我管理、人際關係與情緒管理三者的關係是密切的，換言之，認知層面的社會技巧是有效社會技巧的重要部分。

　　「自我管理」訓練課程中，教導兒童解決問題的方法和步驟占重要部分。「作決定與解決問題」常被列入國民小學的健康教育中。解決問題與作決定過程中，重要步驟的訓練——優先順序安排、選項與選擇、評估後果，能幫助兒童達到自我控制、不衝動，達到自我行為的管理。

24 作決定／解決問題技巧訓練的重要性

⑴從兒童期的需求和發展任務探討其重要性

　　以問卷方式調查美國國小四、五、六年級學生的需求，結果發現，其中成就需求包括「問題解決和作決定」（Keat, 1974）。另外 Celotta 和 Jocabs 的調查研究，從小學二到六年級學生，隨機取樣 120 名學生，從需求反應中發現，他們表達「自我處理技巧」的需求。其中 48% 學生表達對「作抉擇」有困難。

　　Richard 和 Baron 指出 6-11 歲兒童的發展任務也包括「作決定」。獨立行動是一種屬性，它能幫助個體作有效的決定。因此 Keat 認為，不論是透過個別或團體諮商，或其他任何形式的輔導，作決定和解決問題是重要的輔導學習（guidance learning），也是兒童期的發展任務。（Keat, 1974; Bailey Deery, Gehrke, & Perry Whitedge, 1989）。另外，任何因應技巧的訓練，或提出社會技巧課程的學者（Gazda, 1989; Geldard Galdard, 1997; Sprafkin et al., 1993; Nicoll, 1994）都將「作決定／解決問題」領域列入其中。

⑵作決定／解決問題技巧對個體的影響

　　個人缺乏這個技巧，當面臨抉擇時會產生焦慮。人愈是有多種選擇的可能性，他的焦慮也愈多。我們這一代的兒童在生活各方面比上一代有更多的選擇，例如：食物、娛樂與休閒，生涯和升學，因此當面對較重要的選擇時，會有較多的焦慮。相反的，兒童有這方面的訓練，在面對心理壓力前，將會有較少的焦慮和恐懼，較能想出種種答案。

　　問題解決技巧對日常生活的適應也同樣重要。人生永遠離不開問題，如果能不為問題所屈服，問題會使生活有趣。如果我們

知道如何去解決問題，問題反而成為令人興奮的假想敵人。真正快樂的人並非沒有問題的人，而是知道如何去解決問題的人。好的問題解決方法可幫助兒童減少不愉快。大多數的煩惱是由於問題不能解決而起。學會解決問題技巧可以節省時間──依一定過程做快速，有效的解決，避免不必要的嘗試錯誤，順利達成目標。

　　總之，教育心理學者認為學校教育的深遠價值在培養學生將來適應困境的能力，也可以說，培養學生遇到困難時能獨立思考問題的能力。已有實驗證明，凡是善於解決難題的人，用於分析問題的時間較長，提出疑問較多；但花在實際解決問題的時間反而較少。反之，凡是不善於解決難題者，常對問題一知半解，即匆匆進入情況，著手開始實際行動，結果常是徒勞無功。所以，幫助兒童在平常就養成分析的習慣是相當重要的。

25 作決定／解決問題訓練課程目標

　　作決定和解決問題技巧訓練的目的，是幫助兒童了解自己，適應新環境，加強對解決問題的能力。生活在今日的兒童擁有更多的選擇機會，如何協助他們作決定和解決問題成為小學輔導的重要課題。尤其在預防重於治療的前提下，提高兒童作決定，作選擇的自覺，並養成自主、自我負責的態度相當重要，惟有教導學生自作決定並主動有效率地解決問題，才能處理日漸複雜的問題。以下是作決定和解決問題輔導的具體目標：

　　1.「作決定」技巧訓練的步驟與目標：

　　　⑴讓兒童認清現實世界處處需要作決定。

　　　⑵讓兒童了解作決定的重要性。

　　　⑶熟悉作決定技巧步驟或過程。

　　　　①想想是什麼問題要求作決定。

　　　　②想想可能的決定有哪些？

③想想每種選項的後果？

④選擇對你最有利的決定。

(4)不斷利用日常生活中有待決定的問題做練習，達成學習遷移。

2.「解決問題」技巧訓練的步驟與目標：

(1)幫助兒童了解自己解決問題的能力並提供可資運用資源。

(2)以一種對自己、他人的建設性行為來解決問題。

(3)體認任何人皆無法逃避生活中所有的挫折和衝突。

(4)了解由自己解決問題是表示「成熟行為」，也是「自我負責」的表現。

(5)熟悉解決問題技巧的步驟或過程：

①清楚的陳述面對的問題。

＊若是同時面對的問題不只一個，則做優先順序排列，先解決最急迫、最重要的問題。延宕較不具急迫性的問題，並先做些處理，如打電話……等。

②列舉解決問題的各種障礙。

③列舉解決問題的各種有利條件。

④再列舉可能的解決方法，分析各種方法的可能後果。

⑤選出最好的解決方法，並實施之。

(6)強化兒童解決問題的能力，以學習遷移作為最終目標。

總之，為了獲得必要的作決定技巧，必須利用多種情境，引導兒童從很多可選擇的項目中作選擇。這種訓練方法最好從幼稚園就開始──情境從簡單到複雜。另外，兒童需要發展解決他們自己問題的能力──例如，如何與他人相處。最重要的考慮是如何在「外在支持與自我責任感」二者間達到平衡。

作決定／解決問題共有的技巧

　　從上節可看出解決問題／作決定，有兩個共同目標即：(1)強調課程的重要性，和(2)要兒童熟悉技巧的步驟或過程。而且在過程中也有相當類似之處。其中，(1)列出各種選項（可行方法），(2)評估每一選項的後果，和(3)選擇最有利的一種選項為其最重要的步驟。因此本章所設計的解決問題／作決定課程也將以這三項為重點。這些過程能幫助兒童達到「自我控制而較不會衝動行事」，或面對事件或需要解決問題的情境時，會先「冷靜下來」，做分析而達到問題的良好解決。

　　筆者認為在列舉可行方法（選項）前要兒童多練習「腦力激盪」；在評估選擇和做選擇時要先認識自己的「價值觀」。我們常憑主觀的感覺去影響抉擇。價值觀常是用來做抉擇的重要考量因素。另外，「蒐集資訊」──客觀資料也是做選擇的有利依據。因此，以幫助兒童做健康的生活型態選擇為例，其步驟如下：

　　(1)蒐集事實資料（事實與願望和意見如何區分，事實和資訊、知覺是相關的嗎？主觀和客觀有何不同）。

　　(2)產生可行的方法（從各種資訊中產生）。

　　(3)評估各種選項的結果（冒險是指什麼？個體應該去冒多少險？）。

　　(4)使用客觀和主觀的感覺作決定。

　　諮商員可以說明，人們作決定未必都依客觀資訊，而常依主觀的感覺作決定。他們可以鼓勵學生依此模式，是否參加每月的健康主題活動，何種生活型態是他們所選擇的？他們過著何種生活型態？某特殊的生活型態的選擇會預測到何種結果（如長期每天不運動會導致何種疾病等），資訊的提供可發健康小冊子或放影帶等給學生閱讀、觀賞。

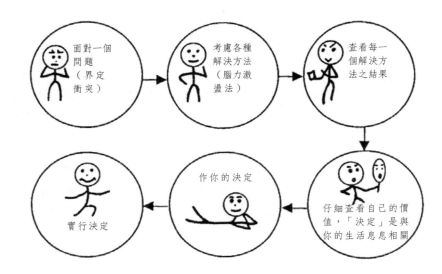

國小低年級作決定的過程模式

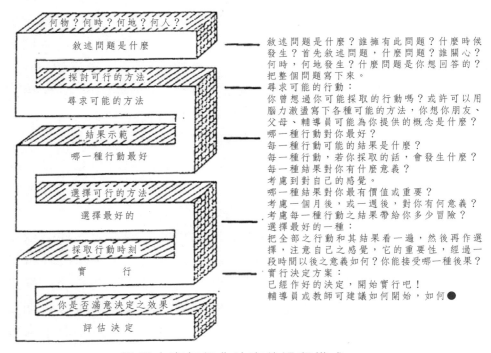

何物？何時？何地？何人？
敘述問題是什麼

探討可行的方法
尋求可能的方法

結果示範
哪一種行動最好

選擇可行的方法
選擇最好的

採取行動時刻
實　　行

你是否滿意決定之效果
評估決定

敘述問題是什麼？誰擁有此問題？什麼時候
發生？首先敘述問題，什麼問題？誰關心？
何時，何地發生？什麼問題是你想回答的？
把整個問題寫下來。
尋求可能的行動：
你曾想過你可能採取的行動嗎？或許可以用
腦力激盪寫下各種可能的方法，你想你朋友、
父母、輔導員可能為你提供的概念是什麼？
哪一種行動對你最好？
每一種行動可能的結果是什麼？
每一種行動，若你採取的話，會發生什麼？
每一種結果對你有什麼意義？
考慮到對自己的感覺。
哪一種結果對你最有價值或重要？
考慮一個月後，或一週後，對你有何意義？
考慮每一種行動之結果帶給你多少冒險？
選擇最好的一種：
把全部之行動和其結果看一遍，然後再作選
擇，注意自己之感覺，它的重要性，經過一
段時間以後之意義如何？你能接受哪一種後果？
實行決定方案：
已經作好的決定，開始實行吧！
輔導員或教師可建議如何開始，如何●

國小高年級作決定的過程模式

「自我管理」課程

「自我管理」訓練課程包括下面三個重要主題（次領域）：
・冷靜下來（三思而後行）
・行為後果
・維護自己的權利
這三個主題目標由 6 次活動來達成。以下是 6 次活動的說明：

◊◊ 自我管理訓練的一般目標、具體目標和活動

一般目標	具體目標	活動
自我管理	1. 冷靜不衝動	(1) 先看再跳下去
		(2) 多種選項和選擇
	2. 思考行為後果	(1) 假如─好處─壞處
		(2) 犯罪與處罰
	3. 維護自己的權利	(1) 從容的說「不」
		(2) 酬賞自己

◊◊ 活動與活動目標

活動	活動目標
先看再跳下去	養成「停─想─行動」的習慣
多種選項和選擇	養成探討各種可行方法及其後果的習慣
假如─好處─壞處	評估行為後果的適當性
犯罪與處罰	檢視某些壞行為的嚴重後果
從容的說「不」	學會適時、用適當詞句拒絕他人
酬賞自己	察覺並與人分享自己引以為傲的事

26 自我管理諮商聚會活動說明

冷靜下來

　　冷靜下來是衝動反應的相反。他包括三步驟,即停─想─做。此部分包括兩個活動:「先看看再跳下去」及「選項與選擇」。

活動名稱: 先看看再跳下去

活動目標: 養成「停─想─行動」的習慣

活動說明: 此活動應用停─想─做三步驟於日常生活中。首先回答問題以確定自己衝動的嚴重性。察覺嚴重程度,才會激發改變。

　　　　　此活動常使用在自我管理有困難的在校學生(Petersen & Gannoni, 1994)。此活動鼓勵學生去確認哪些行為是他使用過,但導致不良結果。輔導員和學生一起確認,某種情境常發生在孩童的生活中。使用新行為,然後由孩童發展新計畫。計畫實施後作效果的評估。假如孩子相信計畫是成功的,然後探討可行的解決方法,並設計新的計畫,讓兒童再一次練習。

活動名稱: 多種選項和選擇

活動目標: 養成探討各種可行方法及每種方法的後果的習慣

活動說明: 此活動讓孩童探討解決問題要列出多項方法,並考慮決定(選項)的後果。輔導員邀請孩童想一想,當他們作某種選擇時的感覺。雖然作決定是認知工作,但是認識情緒感覺是重要的,因為情緒反應常影響我們的決定。

行為後果

　　探討行為後果包括兩個活動：「假如─好處─壞處」及「犯罪與處罰」。

活動名稱：假如─好處─壞處

活動目標：評估行為後果的適當性

活動說明：假如孩童要能管理他自己的行為，那麼他將需要清楚了解，行為後果的性質和適當性。此活動的特別處是，它邀請小孩探討某行為的正向與負向後果。同時也幫助小孩去想到，作一些適應性的行為決定，可能也會喪失一些立即性的滿足。此活動可用來作為，考慮新選擇和決定的開始點，並計畫使用新的和不同的行為。假如一小孩在兩次聚會中間試驗新行為，接著，他可以做行為的評估─正向或負向。需要時，可發展新的行為計畫。

活動名稱：犯罪和處罰

活動目標：檢視某些壞行為的嚴重後果

活動說明：此活動能讓孩童檢視，某些不被接受的行為的嚴重性。最嚴重的會觸犯法律，坐牢或犯校規，其次影響人際關係與自我形象。此活動讓孩童探討某行為後果的適當性及處罰。想到行為嚴重後果能加強自我控制，管理自己的行為。

維護自己的權利

　　此部分包括兩個活動:「從容的說不」及「酬賞自己」。

活動名稱:從容說「不」

活動目標:學會適時、用適當詞句拒絕他人

活動說明:雖然自我管理重點是抑制爆發攻擊或不適當的行為,很多情境下,孩童受到壓力必須妥協他們的信念、價值或抱負。好的自我管理必須包括有能力說不(適當時),雖然它可能導致不受歡迎、批評、排斥或被同伴嘲笑。此活動讓孩子練習在友伴的壓力情境下,如何以適當的方法作反應。

　　　　　輔導員和成員共同探討,並鼓勵小孩使用所建議的回應,或者幫助孩童發明一些「拒絕」或「說不」的方法。

活動名稱:酬賞自己

活動目標:察覺並與人分享自己引以為傲的事

活動說明:此活動讓孩子增強自己正向的社會行為。畫或寫出自己所做過引以為傲的事。自我管理也強調自我增強好的行為,並重視自己是一個獨特的個體。同時利用此機會,練習以適當、可接受的方式告訴他人自己的成就,並進一步堅定,或增強其正向行為。

總複習活動(1):優先順序的安排——小華的故事

目標:　*1.*當學生碰到大大小小的問題時該怎麼辦呢?

　　　　　*2.*如何排出優先順序。

過程:　*1.*每天常會碰到很多問題需要解決,此時此技巧就很

重要。太少時間無法同時解決很多問題，會產生很大壓力。

2.鼓勵成員使用腦力激盪並列出各種要完成的事。

3.依最重要和最急迫的事依序列出。

4.先將較不重要的延後處理──如先打電話、寫信等簡單處理。

5.專注於最急迫的問題。

★發下小華的故事（附頁）或用錄音機播放一天要作的大小決定（需要完成的任務）。

小華的故事

說明：閱讀下面的故事。在閱讀完畢時，記下故事主角在一天內必須要作的大大小小的決定。完成第一、二部分的練習。

　　鬧鐘響了，小華面對新的一天。今天要考算術。選課外活動，要交國文作業。若不必洗臉、刷牙，他可多待在床上幾分鐘，但後來他改變主意，起床、做清潔工作。隨後走到衣櫥前，不知要穿哪一件衣服，這件是母親要我穿的，那件較能取悅國文老師，穿這件大家會滿意。後來梳頭髮，到廚房去。

　　若不必吃飯，他有時間再溫習算術，但肚子卻餓得很，於是，他大口吃了吐司及牛乳。

　　第一堂課是算術測驗，這是決定他及格與不及格的關鍵，有些題目很難，旁邊同學想「罩」他，故意把答案給他看；他本可照抄下來，但他把眼睛避開，繼續作他的。總之，他得到應得的分數。

　　在上課時，想到去見輔導員，而不想寫國文作業，因為不知道應該選什麼課外活動，但第五節後就要作最後決定。有些課外活動可在下年度選。輔導員告訴他，決定是他自己應該作的，他

下年度的課很重，不想多參加課外活動。

想到哪天該作的決定都作了。去上國文課、寫作業。國文老師宣布時間不多了，小華想帶回家作，但要花他一個晚上，最後勉強完成，當天交上。

中午，好朋友要他到操場玩，有些要他打球，有些要他玩飛盤。他兩者都喜歡，但較喜歡打球，他希望不要讓其他朋友生氣。

放學後，明天要考自然科。再過兩天又要考歷史科，還有朋友要找他打球，但他答應母親回家打掃房間，又要練習彈鋼琴。到底應作什麼？

哪一種較重要？

睡前兩小時，有他喜歡的電視節目，但明天有小考，若不唸書就可能不及格，怎麼辦？十一點，他上床睡覺。一整天要作的決定使他精疲力竭。想到明天要作的事，生活就是一連串的決定。

第一部分

小華有個忙碌的一天，也許你也是，列出一天要作的決定：

1. _____
2. _____
3. _____
4. _____
5. _____
6. _____
7. _____
8. _____
9. _____
10. _____
11. _____
12. _____
13. _____
14. _____
15. _____
16. _____

第二部分

從上面之決定選出五種你覺得最重要的事項，依其重要性列出，並把理由敘述出來：

決定	理由
1. ＿＿＿＿＿＿＿＿＿＿	• ＿＿＿＿＿＿＿＿＿＿
2. ＿＿＿＿＿＿＿＿＿＿	• ＿＿＿＿＿＿＿＿＿＿
3. ＿＿＿＿＿＿＿＿＿＿	• ＿＿＿＿＿＿＿＿＿＿
4. ＿＿＿＿＿＿＿＿＿＿	• ＿＿＿＿＿＿＿＿＿＿
5. ＿＿＿＿＿＿＿＿＿＿	• ＿＿＿＿＿＿＿＿＿＿

活動 3：優先順序的安排──我的故事──每天面對的決定（過程如活動2）。

「自我管理」總複習活動(2)

活動名稱：綜合解決問題步驟與「停，想，和行動」練習

攻擊兒童常有注意力不足和過動現象，他們常缺少好的判斷，同時對行為的後果不作考慮。他們常常沒停下來，想想行動的後果，就衝動行事，而導致對己、對他人負面的結果。此練習，是基本的問題解決策略，以幫助他們控制衝動。個案首先選一個問題，然後依問題解決步驟去做。此練習除了應用在過動兒外，還可就用在難控制衝動的兒童或一般兒童。

活動目標：

　　1. 發展因應策略，避免衝動反應。

　　2. 增加察覺衝動行為，導致對自己和他人負面結果。

　　3. 確認問題，並探討決定採取行動以前的各種可行方向。

　　4. 學習評估自己的行為，及行為如何影響自己和他人。

活動過程：

　　1. 下面是解決問題的步驟。遵循這些步驟你會發現較不會惹麻煩。且較會感到自己好。

　　　解決問題首先是發掘問題的存在。開始階段，確認面對的問題是什麼，或選擇一個你要解決的問題。

確認你的問題：

_____

_____

_____

2. 在確認問題後，考慮三種可能因應問題的方法。列出每一
   種可行方法的好處與壞處。

第一種可能採取的行動：

_____

_____

好處　　　　　　　　　　　　壞處

_____　　　　_____

_____　　　　_____

_____　　　　_____

第二種可能採取的行動：

_____

好處　　　　　　　　　　　　壞處

_____　　　　_____

_____　　　　_____

_____　　　　_____

第三種可能採取的行動：

好處　　　　　　　　　　　　壞處

_____　　　　_____

_____　　　　_____

_____ _____

_____

3. 察看上面每一種行動的好處與壞處。然後與輔導員、教師、父母、朋友等商討，選擇一種行動計畫。

4. 確認要選的行動計畫：

_____

5. 什麼理由（因素）影響你選擇這個行動？

_____

_____

6. 別人有無提出意見影響你的決定？

_____

_____

7. 現在是實施你的行動計畫的時候了。下面的空格用來描述你如何實施你的行動計畫。

_____

_____

_____

目前你已做到四個步驟：「確認問題」、「考慮不同行動」、「作抉擇」、「實施行動計畫」。以下是最後的評估結果階段。

8. 行動計畫實施結果如何？

_____

_____

9. 你對實施結果的感覺如何？

_____

_____

10. 實施結果對你、對他人有何影響？

_____

_____

11. 從這個經驗你學到什麼？

假如將來你面對相同或類似問題，你是否會採取不同的做法？

部 八 分

「自我管理」諮商聚會活動

部分八分成兩節：㈠提供自我管理的「活動學習單」，㈡提供每次活動後的家庭作業，即「作業學習單」。

㈠活動學習單

8/8 活動順序與活動名稱

活動順序	活動學習單名稱
一	先看看再跳下去
二	多種選項和選擇
三	假如—好處—壞處
四	犯罪和處罰
五	從容的向他人說「不」
六	酬賞你自己
七	總複習活動：(1)小華的故事…… (2)綜合解決問題步驟與「停、想、做」練習

- 有關「小華的故事」請看部分七。
- 有關每一次聚會的「活動目標」、「活動說明」請看部分七。
- 有關每次聚會學習單的進行方式，請依「活動學習單」上的過程說明進行。
- 領導者要切記每一活動要達成的目標，並確實達成。藉家庭作業的實施，使兒童類化於日常生活中。

一、先看看再跳下去

活動過程：

　　1. 回答下面的「是非題」。

	是	非
・有時候我說了一些事，後來後悔了……	□	□
・有時候我作決定未先經過思考……	□	□
・有時候我未先聽聽說明馬上就做下去……	□	□
・有時候我未先聽聽規則，就作下去……	□	□
・有時候我未能先聽聽兩邊的爭辯（爭論）……	□	□
・有時候我沒有聽完細節說明就做安排……	□	□
・有時候我傳話，會遺漏很多信息……	□	□

　　2. 數數看！回答 5 個或已上的「是」，即表示你需要「冷靜下來」。

　　　　　　冷靜下來是指慢下來，不衝動，而使用

　　　　　　　　　　　停─想─做　原則

　　停──停下來看看問題是什麼？面對的任務是什麼？

　　想──想一想為解決問題或任務的三種方法。

　　做（行動）──選擇對你最有利的去做。

　　3. 分享未遵循「停─想─做」原則的後果。

二、多種選項與選擇

當我們與朋友衝突或碰到問題時，有很多的反應方式，不是只有一種。

- 小明與小華發生爭吵，你能為小華想出多種反應方式嗎？依下列的表格，以紅筆描繪出可能的反應與結果。
- 以不同的色筆，描繪出「你」的反應。
- 在空格中，填入其他的反應。

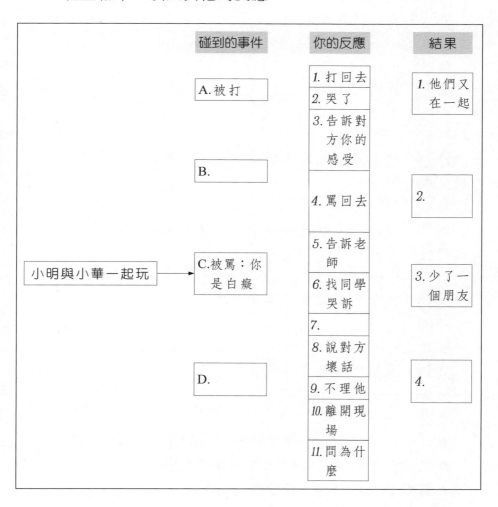

三、假如—好處—壞處

填充！下面是一個例子：

假如 我未得到准許就騎走媽媽的腳踏車

好處 ……會較快到錄影帶店

壞處 ……我可能週末會被禁足

依假如—好處—壞處，作填充——完成下面的句子：

假如 我考試作弊

好處 ……

壞處 ……

假如 我明天蹺課

好處 ……

壞處 ……

假如 我告訴我最好的朋友，他傷了我的心

好處 ……

壞處 ……

假如 我將打工所賺的錢全花在買一件東西上

好處 ……

壞處 ……

假如 我留在家讀書，準備考試

好處 ……

壞處 ……

假如 我能整個晚上打電動

好處 ……

壞處 ……

★分享——在生活上有無分析行為的好、壞處的習慣。

★強調三思而後行能幫助我們避免衝動，並作好決定。

★鼓勵學生舉實例，並練習作分析。

四、犯罪和處罰

活動過程：

1. 說明下表：下表是一系列的行為，一些是很壞的行為。
   真正的壞行為可能導致嚴重的結果（後果）。
2. 依最壞到最輕的順序，重新安排表上的行為，列在中欄上。
3. 對每種行為依自己的想法，寫出可能導致的結果，或處罰，或是構成一種犯罪，該受法律制裁。
4. 每一個學生分享其安排的順序及行為後果。
5. 若時間不夠，則分享前五項壞行為及其後果。
6. 最後歸納團體的共識。

壞行為（犯罪）	我的行為單順序	行為後果（結果）
謀殺（殺人）		
頂嘴		
打人		
說謊		
偷竊（偷東西）		
干擾、干涉		
不服從		
欺凌弱小		
講壞話		
講閒話		
欺騙（作弊）		
守密		
搬弄是非		
改變主意		

五、從容的向他人說「不」

活動過程：

    1. 下圖兩個臉代表兩個人，左方人對右方人有所要求。

    2. 每個要求都可由右方找出適當的回應。

    3. 要求學生將每一要求和回應連接起來。

    4. 討論、分享每個要求最適當的反應是什麼？

六、酬賞你自己

活動過程：

1. 說明：我們常未察覺到自己常做或說很多事——足以讓我們引以為傲。

2. 下面是一些盾牌，在盾牌上寫或畫上你感到驕傲，且可以告訴某人的事。

3. 強調常察覺自己的長處或優點——提升自我接納、自尊。

4. 彼此分享每一盾牌的內容——增進欣賞自己、喜歡他人。

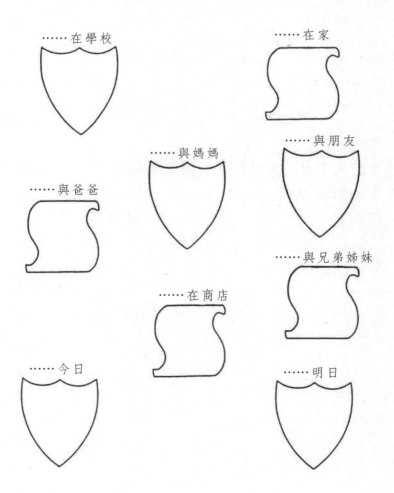

七、「自我管理」總複習活動：⑴小華的故事

活動說明：請傾聽小華的故事。在聽完後，記下故事主角——小
華在一天內必須要作的大大小小的決定。然後完成第
一、二部分的練習。彼此分享答案與理由。

第一部分

小華有個忙碌的一天，也許你也是，列出小華一天要作的決定：

1. _____　　8. _____
2. _____　　9. _____
3. _____　　10. _____
4. _____　　11. _____
5. _____　　12. _____
6. _____　　13. _____
7. _____　　14. _____

第二部分

從上面的決定選出五種你覺得最重要的事項，依其重要性列出，
並把理由敘述出來：

　　　決定　　　　　　　　　　　理由

1. _____　　1. _____
2. _____　　2. _____
3. _____　　3. _____
4. _____　　4. _____
5. _____　　5. _____

「自我管理」總複習活動(2)

活動名稱：綜合解決問題步驟與「停，想，和行動」練習

活動過程：

1. 下面是解決問題的步驟。遵循這些步驟你會發現較不會惹麻煩。且較會感到自己好。

   解決問題首先是發掘問題的存在。開始階段，確認面對的問題是什麼，或選擇一個你要解決的問題。

   確認你的問題：

   _____

2. 在確認問題後，考慮三種可能因應問題的方法。列出每一種可行方法的好處與壞處。

   第一種可能採取的行動：

   _____

好處	壞處

   第二種可能採取的行動：

   _____

好處	壞處

   第三種可能採取的行動：

   _____

好處	壞處

3. 察看上面每一種行動的好處與壞處。然後，選擇一種行動計畫。

4. 確認要選的行動計畫：

   _____

(二)自我管理「作業學習單」

作業學習單的實施很重要，它能促進兒童將所學的應用於平日的生活中。家庭作業的執行確有困難，領導者最好能將它加入「增強制」中，即有完成「作業學習單」者加以酬賞。

活動與其相對應的作業單

活動名稱	作業學習單名稱
先看看再跳下去	先看看再跳下去
多種選擇和選項	解決問題有多種選擇喔！
假如─好處─壞處	假如─好處─壞處
犯罪和處罰	早知如此，何必當初？
從容的向他人說「不」	練習適當的說「不」
酬賞你自己	酬賞你自己

- 以上適用於兒童每週一次諮商聚會活動，所以每週有一張作業學習單要完成。
- 兒童的諮商活動聚會頻數最好要一次以上，即每週兩次較好。

一、先看看再跳下去

各位小朋友！你敢不敢大聲說：「我不是衝動小子！」。

在以後的幾天裡，把你每日所做的「停、想、做」記錄下來，下禮拜帶來跟大家分享你的成果吧^＿＿＿^

☺	事件	停	想	做
		問題是什麼？面對什麼任務？	想一想有哪些解決問題的事情或方法咧？！	選擇對你最有利的去做 ^＿＿＿^
日期	我的功課還沒做完，可是我好想看電視喔！	功課沒做完耶！	1. 先看完電視再說 2. 趕快把功課做完再看電視……等方法	還是先把功課做完再看電視好了！不然太晚又不想做了。
星期				
星期				
星期				
星期				
星期				
星期				

回顧這一週，和以前的自己比一比
有沒有不一樣咧？！你要頒給自己什麼獎呢？

我要再加油

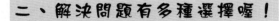

二、解決問題有多種選擇喔！

　　同學們，當我們遇到事情時，會有很多不同的解決方法。要養成習慣，嘗試想出各種方法，方法愈多愈好，然後我們要停下來，想一想哪一種方法才是最好的。

　　在接下來的一個星期中，把我們遇到問題時的思考過程和後果記錄在下面的框框中吧！！

面臨的問題	你的思考過程	你的決定及後果
我的好朋友不跟我玩……	1. 跑到角落大哭…… 2. 跟別人說好朋友的壞話 3. 去問他為什麼？	我去問他為什麼，他說因為我考試不及格。
	1. 2. 3.	
	1. 2. 3.	
	1. 2. 3.	
	1. 2. 3.	

三、假如一好處一壞處

在日常生活中，難免會遇到需要抉擇的時候。當我們遇到難以抉擇的問題時，我們一定要冷靜下來思考，評估後果。這就是仔細的想一想做這件事的後果，再決定要不要去做！才不會作出後悔的決定，而感到懊惱喔！要養成習慣喔！

日期	面臨抉擇時……	好處……	壞處……	我的決定……
舉例	考試要不要作弊呢？	可以不用讀書又可以拿高分！	被發現很丟臉，會被同學討厭☺我的良心會過意不去。	還是不要作弊……我決定不作弊
星期				
星期				
星期				
星期				
星期				

四、早知如此，何必當初？

很多錯誤的發生，是因為我們沒有想到後果的嚴重性，或是抱著碰運氣的心理。等到後果真的發生了，才悔不當初。為了提醒自己，讓我們在這個禮拜當中透過：(1)報紙，(2)電視節目，(3)網站，(4)雜誌或書本，(5)詢問家人和師長，寫出不當的行為會帶來的後果和處罰，並且試著用黃──有點嚴重，橙── 嚴重 ，紅── 非常嚴重 三種顏色標明嚴重燈號。

	資料來源	不當的行為	後果（處罰）	嚴重燈號
例	②	同學坐下的時候我故意把椅子拿開	同學受傷住院，我的心理會很難過，還會被老師處罰	○
1		放學後去同學家玩，沒有徵求爸媽的同意		○
2		接受陌生人的錢，幫他們做事或打聽消息		○
3		我很討厭的同學被很多人圍著打，我也擠過去踹他兩腳		○
4		和同學一起去文具店偷東西		○
5		考試作弊		○
6		段考成績都不及格，怕被媽媽罵，撒謊說成績單不見了		○

五、學習適當的說「ㄅ」

　　小朋友們！在日常生活中，常常有人會對我們提出要求，但我們可能有別的事情或是幫不上忙的時候，我們應該怎麼適當的拒絕別人呢？

　　在接下來的一個星期中，當你遇到這種情形時，你是怎麼回絕別人的，把它記錄在下面的框框中吧……

別人的要求	你的回應	別人對你的回應的感受	你給自己打幾分呢（0-100）
範例：同學們找我去玩躲避球	不好意思我的作業還沒寫完所以不能跟你們去了	好吧！我們下次再一起玩	85 分 他們下次還會找我玩……^^
1.			
2.			
3.			
4.			
5.			

　　經過這個星期，有沒有覺得自己進步很多呀？！適當的回應別人，會讓自己和別人都感到很舒服唷！！

六、酬賞你自己

　　其實我們在日常生活中，也常常會做一些令自己覺得驕傲的事，你說是不是呀？！大家一定要保持自己的優點唷！希望大家都能多發覺自己的優點，有自信的你一定會過得更開心唷！以下請紀錄本週你做過引以為傲的事，或對他人說過很棒，或令人高興的一句話。

日期	Where?	Who? （可有可無）	值得自豪的事蹟……	你給自己打幾分
舉例 1	家裡	小妹	殺死蟑螂，小妹覺得我很勇敢，我很高興替他們解決問題。	90 分
舉例 2	公車上	老人	雖然還要有一段路，還是將座位讓給老人坐。	95 分
星期__				
星期__				
星期__				
星期__				
星期__				
星期__				

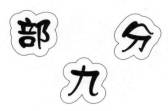

建立自尊

27 自尊與自我概念

　　兒童很早對自我就形成一種形象或圖像。這種形象或圖像，一般被認為是孩童的「自我概念」，而它大體上是以其重要他人如何對待他為基礎。這些人平日透過其對孩子的反應——有關他自己和其行為。由此，孩童發展對自己正向或負向的態度。自我概念的結構是階層式的，多面向的。包含：學業（閱讀、數學）、非學業的層面。學術的自尊指對學術能力的知覺。能力涉及達成目標的自信。具體而言，自我概念涉及兒童的身體能力、外表、同儕關係、親子關係，閱讀與數學的學業成就。

　　我們必須強調「自我概念」與「自尊」是不同的，但彼此相互影響。孩童對自我的形象或圖像就是其自我概念，偏向認知，是一種觀點。換言之，它是孩童如何看自己。對這個形象所附加的價值就是自尊。自尊是自我價值（self-worth），是一個人對自我的評估以及對評估的情感反應。因此，自尊是表示個體對自己重視的程度。

　　很重要的，輔導兒童時要能區分「自我概念」和「自尊」的不同。雖然很多孩童有正向的自我概念也將有高自尊。但並非全如此。一些兒童認為自己有很多正向的屬性——成績好、擅長運動、語言能力好，導致有正向的自我概念。然而，他們可能不重視這些屬性，而可能有低自尊，且感到自己不好。一些很能幹的孩童，對自己有高的期待，當他們的表現未能達到自己抱負，就認為不成功和沒價值。

　　他們害怕失敗而引發焦慮，同時自尊受到威脅。另一種相反的情況是，一些兒童，認為自己不聰明、運動和語言能力都不好，然而他們安於現狀，同時擁有高自尊。

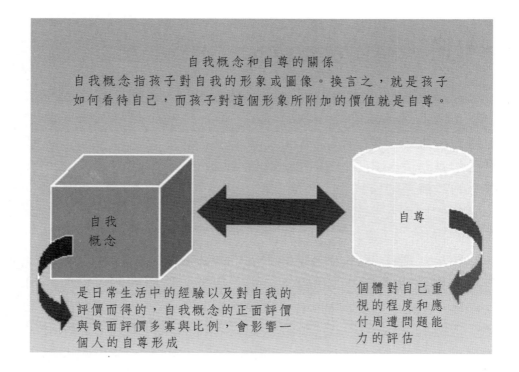

自我概念和自尊的關係

自我概念指孩子對自我的形象或圖像。換言之，就是孩子如何看待自己，而孩子對這個形象所附加的價值就是自尊。

自我概念

自尊

是日常生活中的經驗以及對自我的評價而得的，自我概念的正面評價與負面評價多寡與比例，會影響一個人的自尊形成

個體對自己重視的程度和應付周遭問題能力的評估

兒童三階段的自我描述

年齡	皮亞傑認知發展	自我描述焦點	例子
兒童早期	前運思期	身體特徵 擁有物、喜歡什麼	我是有雀斑的 我的狗是白色的 我喜歡吃冰淇淋
兒童中、後期	具體運思期	行為特徵和能力 情緒，屬何成員	我是好的歌者 我是快樂的 我是棒球隊員
青少年期	形式運思期	態度、人格屬性 角色、信念	我是樂觀者 我是容忍的 我支持槍彈管制

　　總之，學前期，兒童以身體屬性描述自己——性別、年齡、看起來的樣子、擁有何東西等。後來，身體的自我擴大，注意自己的能力和興趣，會與他人作比較。

　　7歲後進入具體運思期，開始描述看不見的心理特質，對自我的描述較抽象，包括感覺、想法。青少年期完全以心理建構來看自我，強調抽象或以內在狀況來作自我的界定，他們會有更大的自我察覺。

28 自尊的重要性

　　兒童對自我概念的附加價值和判斷，就是其自尊程度。根據馬司洛（Maslow）的需求階層論，自尊是人類的基本需求之一。個體需要感到有價值和有能力，換言之，兒童需要感到自己是重要的，有能力處理周遭問題。自尊的滿足對兒童學習是重要的。

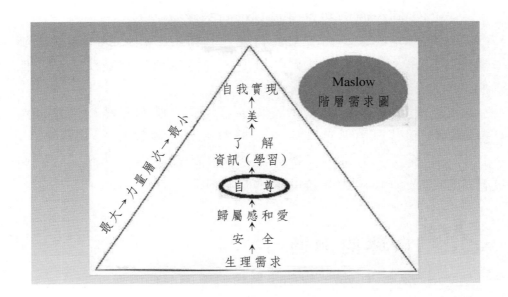

　　自尊無可避免的會影響其適應功能。他的信念、想法、態度、情緒感覺、行為、動機、興趣和參與活動，以及對未來的期待等皆會受到其自尊程度的影響。另外，兒童的涉入和維持其重要關係的能力也受到自尊的影響。自尊對學業成就的影響，其因果關係是相互的。總之，自尊是穩定的人格特質，它與兒童的人際關係、學業成就、心理健康有密切的關聯。

高自尊兒童的特性

- 比較有創作能力。
- 在其社會團體內，較可能採取主動角色。
- 比較少自我懷疑、害怕、衝突。
- 比較可能直接的、合乎現實的導向個人目標。
- 比較能接受自己和他人在學業成績、同輩關係、體能上的不同。同時比較不煩惱身體外表的不同。他們能接受這些的不同，而仍然對自我有正向的感覺。

　　很多孩童尋求諮商並未具有上述的特性。相反的，他們感到無助、自卑、無力改善他們的情境，同時相信沒有資源去減少他們的焦慮。他們有低自尊。

　　低自尊的孩童，當他們繼續接受負向反應和回饋時，常以過度順從或假裝自信（實際沒有）努力獲取社會贊許。

　　一般而言，兒童的自尊能維持幾年的穩定性。然而，透過適當的調適，能直接或間接的影響自尊。

29 自尊的調適

　　Coopersmith（1967）說明了影響自尊的四種因素：

　　1. 孩子對別人對待他的重視程度。

2.孩子的成功經驗。

3.孩子對成功與失敗的界定。

4.面對他人負向回饋的反應型態。

另外環境因素，如父母的楷模、限制和強求間接會影響兒童自尊的發展。近來，Miller和Neese（1997）強調學生應用課堂所學的，做社區服務是提升自尊的方法之一。由此可見，兒童自尊的調適包括直接與間接兩種方式。

直接加強自尊的調適方法是，成人應用讚美和正向回饋去改善孩童的自我概念與自尊。雖然這種直接的調適是有用，但非是改善自尊的最有效的方法。另外，我們可使用間接的方法。間接取向強調特殊領域，例如，學業表現、同輩關係或其運動表現。無疑的，假如孩童能在這些領域獲得能力和信心，則其自尊較可能改善。

兒童常以團體方式工作，因而團體是提供改善自尊的最好機會。透過團體調適過程，兒童能合乎實際的評估自己。透過練習和活動，發展各領域的技巧為目標。

雖然團體方式是加強自尊的有效方法，但是一些兒童可能未具有「自我力量」的（ego-strength）行為特徵，而滿意的參與團體過程。這些孩童可能來自一種環境——缺少愛和成功經驗，以及常被支配、拒絕、嚴重處罰——以致嚴重傷害到自我。他們可能變得很服從和退縮，或另一種極端，攻擊和支配。這種兒童不適合團體，他們的自尊需求的滿足，透過一對一諮商較合適。因為這些兒童教會逃避討論有關能力、各種本身的限制和焦慮。

一些自尊輔導計畫強調焦點是，協助孩童去認識和接納他們的屬性、優點和限制。就好像是說：這些是你所有的，充分利用它們吧。雖然此方法是有用的，但那不足夠。

我們不僅強調兒童的接納，而且接納其所有的特質，包括正向和負向的。想像人家給你一個老舊畫箱，裡面有些畫筆，並付

有一紙條，寫著：這些你都可用，儘量去畫一張圖畫。相反的去想像，你也得到相同的一個箱子，附上一張紙條，上面寫著：這些是你的，你可「擁有」，儘量利用它去畫一張圖。後者表示的是——「可擁有」隱約的會改變使用者的態度、責任和承諾。這兩種情況下都可能選擇畫一張圖。然而，第二種情況下，你可能會照顧和改善畫箱和畫筆，以便將來作更大的用途。相同的，我們相信，強調孩童屬性的擁有，即幫助兒童更完全的發現自己。如此，對於那些負向屬性，他較能發展策略去管理。

假如一個孩童準備去接受和擁有他的優點和限制，則他可能去接受責任——發展和學習改善和管理他的限制，相信只有他自己是改變的負責人。

自尊受到孩童是否能有效的與他人互動的能力的影響。也就是社會技巧對自尊是重要的。所以兒童除了接受社會技巧訓練外，還需要接受建立自尊的諮商活動。

30 自尊諮商活動課程重要元素

為加強兒童的自尊，不但只認識自己、接受自己的優點與缺點，合乎現實的自我觀點，還要能突破自己，越過障礙，實現所設立的目標。因此，有關自尊的諮商活動設計皆包括下面三要素（Geldard & Geldard, 1997; Jongsma, Mark, & Mclnnis, 1999）：

- 發現（探索）自己，以建立一個較合乎現實的自我概念。
- 認識和了解他們的優點和限制。
- 為將來建立目標，並設計與實施達到目標的計畫。

自尊團體的一般目標、具體目標與活動

一般目標	具體目標	活動
建立自尊	*1.* 發現（探索）自己	*1.* 我能做任何事情…… *2.* 我在哪理？……
	2. 優點和限制	*3.* 裡一外 *4.* 新聞大標題 *5.* 越過障礙
	3. 建立未來目標	*6.* 這些是你的願望…… *7.* 你的圖像（現在、過去、未來）

活動與活動目標

活動	活動目標
我能做任何事	A.探討每人在不同情境能做的事，如體力、才藝…… B.每人表現不同，但要適當，為他人設想。
我在哪裡？	A.探討哪些生活面或特質要隱藏？或公開？ B.探討公開會冒什麼險？
裡一外	A.探討最影響你的身體、感覺、思想的事件。 B.指出對你最有益的建議。
新聞大標題	A.提供機會回憶一件犯錯事件。 B.強調犯錯事件的正向結果（意義）。
越過障礙	A.鼓勵兒童在想法上要有彈性，考慮作冒險。 B.發現有什麼阻礙他作新的、不同的選擇？
這些是你的願望……	A.探討自己現在、未來喜歡什麼？
你的圖像（現在、過去、未來）	A.幫助兒童確認過去成就什麼？ B.探討現在、未來的目標？需要誰或什麼幫助？

31 自尊諮商活動的解釋

發現或探索自己

　　這些活動是為幫助兒童發現自己，使他們有更合乎現實的自我概念。下面是這些活動要做的事：

- 表達各種他們能做的事。
- 檢視他們自己的哪一部分，是他們願意表達給他人的，以及哪些部分是要隱藏的。
- 探索他們如何決定他們所做的一切。

　　「發現自己」包括兩個活動：*1.* 我能做任何事⋯⋯，*2.* 我在哪裡？⋯⋯

活動名稱：我能做任何事⋯⋯

活動目標：　*1.* 探討每人在不同情境能做的事，如體力、才藝⋯⋯
　　　　　　　2. 每人表現不同，但要適當，為他人設想。

活動說明：本活動是要刺激團體或個體去討論，在不同時間和不同情境，他們感到能自在的表達他們哪些部分。例如，某孩童與他的同輩一起時，感到強壯與有力。而在父母面前則很順從、很沈默。執行班長職務時，很有權力。在學校表現多才多藝。使用此活動時，討論的焦點可以是：在不同情境可以表現不同，且探討有需要採用適當行為並尊重他人。

活動名稱：我在哪裡？

活動目標：　*1.* 探討哪些生活面或特質要隱藏？或公開？
　　　　　　　2. 探討公開會冒什麼險？

活動說明：讓孩童發展一個視覺圖像，並指出哪些生活面或特質，願意讓別人看到，哪些他喜歡隱藏起來？進一步探討若將隱藏部分表露給他人，會有哪些冒險。將特質寫在樹上或樹根，並鼓勵成員探討可能性——將隱藏特質讓人看到，可能會得到他人的欣賞。

優點和限制

　　此部分是有關優點和限制的活動設計。下面是為幫助兒童達到的目標：

- 確認優點和限制。
- 發現自我內在資源，以便用來增強他們的自尊。
- 確認關於自己的一些想法和自挫信念——妨礙自我改變為更強壯的個體。
- 探討如何照顧自己。
- 承認錯誤是學習和改變的機會。

　　有關「優點和限制」的活動包括：_1._ 裡一外，_2._ 新聞大標題，_3._ 越過障礙。

活動名稱：裡一外

活動目標：_1._ 探討最影響你的身體、感覺、思想的事件。
　　　　　　_2._ 發現對你最有益的建議。

活動說明：此活動讓兒童認識自我的三個不同部分：他的身體、他的情緒感覺、他的思想。幫助兒童發現關懷身體、情緒感覺和想法的新方法。同時幫助孩童認識自己的哪些行為，妨礙他獲得優點。優點愈多，愈喜歡自己、重視自己提高自尊。

活動名稱：新聞大標題

活動目標： 1. 提供機會回憶一件犯錯事件。

2. 強調犯錯事件的正向結果（意義）。

活動說明：此活動強調孩童生活中所犯的一件錯誤事件。它讓兒童有機會去處理一件負向經驗，但焦點在此經驗的正向結果。此活動也能產生額外「正常化」的結果。

活動名稱：越過障礙

活動目標： 1. 鼓勵兒童在想法上要有彈性，考慮作冒險。

2. 發現有什麼阻礙他作新的、不同的選擇？

活動說明：此活動鼓勵兒童在其想法上要有彈性，考慮冒險和發現阻礙他做新的與不同的選擇。僵化的選擇，有時無法突破自我成長。彈性或冒險，可能帶來成就，而能提升自尊。

未來目標

努力作計畫和實現目標是自信的表示。此部分鼓勵兒童將他們的願望和夢想與現實結合。為達到此目標，設計有兩個活動：1. 這些是我的願望，2. 想像你自己過去、現在和未來的自我。

活動名稱：這些是我的願望……

活動目標：探討自己現在、未來喜歡什麼？

活動說明：此活動讓孩童去想像他的生活，並想一想現在他喜歡什麼？最近的未來喜歡什麼？長程未來喜歡什麼？作答時儘可能有創造力和想像力。

活動名稱：你的圖像、過去、現在和未來的自我

活動目標： 1. 幫助兒童確認過去成就什麼？

　　　　　　　2.現在、未來的目標？需要誰或什麼幫助？

活動說明： 透過檢視其過去，看看現在，讓兒童為其未來的圖像
　　　　　　作計畫，以實現願望和夢想。鼓勵孩童確認目前獲得
　　　　　　的成就，將來要成就什麼，以及誰或需要什麼以幫助
　　　　　　他達到目標。

自尊活動總複習：哈利克服他的害怕

活動名稱： 哈利克服他的害怕

活動目標： 1.提升自尊。

　　　　　　2.確認可做哪些活動或事情，以增加自尊。

　　　　　　3.認識個體的不安全感，阻礙他嘗試新任務或活動。

　　　　　　4.減少害怕失敗或被拒、被批評。

　　　　　　5.了解某人提供的協助，給你信心。

活動過程： 1.醞釀一種輕鬆的、支持的氣氛。

　　　　　　2.錄音或唸出「哈利克服他的害怕」故事。

　　　　　　3.回答學習單上的問題，並討論。

　　　　　　4.9題中，以5、6、7、8、9為最重要。

　　　　　　此故事能幫助兒童認同故事主角，去探討自己的弱
　　　　　　點、感受害怕克服弱點的心情，遭受他人的批評。後
　　　　　　來受到朋友的鼓勵，給他信心，努力克服失敗，終於
　　　　　　成功。此故事很符合建立自尊建立要點：認識實際自
　　　　　　己、接受優缺點、越過障礙、獲得成長。

　　　　　　故事：

活動說明：

　　　本故事「哈利克服他的害怕」是描述一隻小鴨學習克服飛行
的害怕。哈利缺少自信與自尊，但由於一個不像是真朋友的鼓勵
與勸告，他克服了害怕並學會了飛翔。

　　　1.講故事是一個有用的方法。能讓兒童開始加入談談他們的

不安全感或低自尊。在聽故事以前，儘量創造一重輕鬆的氣氛。先與兒童閒聊一下。很自由的坐在地板上。領導者必須事先閱讀並熟悉故事，如此會使你講得更生動、更自然。

2.故事「哈利克服他的害怕」的目的是幫助兒童確認他的不安全感或疑慮，這些使他們逃避新任務或同輩的活動。希望創造一個支持的環境，使兒童能很自在的分享他們的不安全感。故事閱讀後，問一些有關他們不安全感或害怕的問題。

下面的問題，可以幫助兒童確認和討論他的不安全感或害怕。這些問題是一種引導。你可選擇適合的問題，不必全選。你要敏感於兒童對故事和問題的反應。不要強迫或加壓力（可能他未準備好）。這些問題可在團體中，或先回答，等下次再與領導者或諮商員討論。如此，可以協助兒童找出減少害怕或不安全感的方法，以便去做些健康的冒險。

1.過去，你一直害怕嘗試什麼？

_____

_____

2.假如你嘗試會發生什麼？

_____

_____

3.想一想，什麼時候你第一次不敢嘗試新事情，但嘗試後你成功了或做得好。

_____

_____

4.成功了以後，你的感覺如何？

_____

_____

5. 故事中，哈利認為自己比其他鴨子弱小，你有哪些弱點呢？

_____

_____

6. 當其他鴨子嘲笑他時，哈利感到傷心。你能想出是否有時
   其他小孩會捉弄你，你的感覺如何？請分享這些經驗的想
   法與感覺。

_____

_____

7. 目前，你有何種活動或任務想去嘗試的，但是一直害怕去
   嘗試的嗎？

_____

_____

_____

8. 為克服你的害怕或煩惱，你能做什麼？

_____

_____

9. 誰能像諾雅鼓勵和對哈利有信心的那樣幫助你呢？

_____

_____

_____

哈利克服他的害怕

　　印地安河是一條溫和流動的河流，他穿過北密西根州，連接兩個美麗的湖。冬天河流在結凍的冰與雪的下面緩慢移動。在北密西根，冬天似乎是漫長無盡的，但是春天終就來了。春天是一年中最令人興奮的季節，因為它帶來新生命。加拿大的鵝和野鴨從他們的冬天假期地回到印地安河，建造他們的夏季家園。

　　就在這個安靜河流區有一個友善的鴨子家庭，叫克萊兒，每年在此安頓下來。克萊兒每年春天都渴望回到印地安河。但今年特別興奮。因為今年他將要做母親。克萊兒生下了8個美麗的蛋。他以愛心孵她的蛋。當8個蛋都孵出小鴨來了，鄰居們都游過來，恭禧他有8個漂亮的小鴨。此時，克萊兒感到很驕傲。他保證會照顧小鴨並給他們足夠的食物。他的小鴨們個個很有活力，充滿了精力。除了最年輕、最小的小鴨外，所有的都有冒險的精神，而克萊兒必須要看著他們。但是哈利──最小的、老是不敢離開母親。他因為怕被鴨子的天然敵人──狐狸、老鷹的傷害而不敢離開太遠做冒險。哈利常依賴母親餵食。

　　所有小鴨繼續成長，很快的到了學習飛翔的時候了。克萊兒告訴小鴨學習飛是重要的，因為冬天他們必須飛到南方避寒。哈利的哥哥、姊姊們輪流學習怎樣飛。首先，他們覺得很難，但由於母親的鼓勵與指導，小鴨們（除了哈利）在當天黃昏時都學會飛了，且能飛得很高。哈利告訴母親他還沒準備好、不夠大、不夠強壯。母親可從他的眼睛看到他的害怕，並不斷的向他保證。哈利那天拒絕去嘗試，但答應母親在隔天接受，私自的教導飛行課。

　　隔天到了，哈利雖然還是緊張，但是他必須遵守諾言學習飛翔。哈利嘗試了4次，但每次都是頭往下栽。第五次，他發現飛向天空。他飛了約 70 碼時，回頭並向母親大喊說：看，我能飛了！但當他轉頭時，他撞到大樹枝，掉落到地上。他的右翅膀碰

到地面，同時痛得大叫。克萊兒立刻飛到迪哈利的旁邊，並要求其他的鴨子去找醫生。

醫生盡快的來了。他是一位很嚴肅的醫生，名叫虧克。醫生仔細看了哈利。停了一下說：我想他很快就好。他的右翅有瘀青，他需要休息。但是不久就能飛了。醫生要哈利休息一個禮拜，他會再來看他的。

一週後，醫生回來看哈利。他發現一切都很好。他告訴哈利可以再學習飛行了。哈利的體力恢復了，但不幸的，信心沒恢復。他焦慮的對母親說：我怕我會再受傷，而且我不如他人強壯。克萊兒告訴哈利，他必須很快學會怎麼飛，因為冬天時會有往南方的長途飛行。哈利不管母親的催促，拒絕學習如何飛。

鄰居的鴨子注意到他不會飛，就開始嘲笑他。其中一隻，叫多馬司，以捉弄他為樂。他嘲笑說：膽小鬼，哈利是膽小鬼！你只不過是個旱鴨子。

受到嘲笑與嘲弄使哈利感到傷心，他就逃跑、隱藏起來。他找到一個無人的河床並爬上一個大岩石上，在那兒哭。他哭泣，並說：我再也不學怎麼飛了，我只是太害怕了。突然間，他的腳掌感到岩石一陣搖動。他感到驚訝，原來實際上他是站在一隻烏龜上面。烏龜抬頭看充滿淚水的哈利並說：嗨！我叫諾雅，我無意間聽到你的哭聲。

哈利道聲抱歉，說：對不起我坐在你上面。

諾雅說：沒問題，這不是第一次發生，但是我想，在學習怎麼飛以前，你要開始先對自己有信心。

哈利現在對烏龜變得厭煩並回答說：你對飛行知道什麼，你只是一隻烏龜。

諾雅回答：沒錯，我只是一隻烏龜，但我卻知道，假如你都不試試看，你將無法達到目標或完成什麼。我能藏在我的殼內，永不出來。當然如此我會很安全，不會受到狐狸的攻擊。誰也不

會將我煮成狐狸的肉湯。但假如我要抓到食物,我必須冒險走出去。我也喜歡在印地安河游泳,同時見見不同的朋友。他又說:所以你知道,就是為了存活我必須冒險和交朋友。在你學習飛時,可能會受傷,但你不得不冒險。

哈利仔細聆聽諾雅的話並很悲傷的說:但是學習飛的時候,飛不好時其他鴨子會嘲笑我。我再也無法忍受他們的捉弄。

諾雅說:我知道有一塊田野,那兒很少鴨子去過。我帶你去那裡,你練習時我看著你。我答應我不會取笑你。

哈利同意了,第二天在其他鴨子還未睡醒時,偷偷去與諾雅碰面。哈利試了幾次,但仍然沒有成功。當哈利感到很洩氣時,諾雅很快挑戰他,並說,現在記得我告訴過你的話。你要對自己有信心。

哈利閉上眼睛,想像自己在空中飛翔。不知不覺的,他開始拍拍翅膀並沿著地面跑,他被一陣風舉起,且在察覺前,他已飛上 30 英呎的高空。諾雅大叫說:你做到了哈利,只要繼續拍你的翅膀就好了。哈利開始拍他的翅膀,同時大叫說:我不敢相信,我真的飛了!我要秀給母親看。諾雅,你能去告訴其他的鴨子說,我學會怎麼飛了嗎?

諾雅離開田野,以他肥厚而短小的腿盡快的跑。他看到多馬司,並愉快的與他分享說:你絕對猜不到,發生了什麼事?多馬司諷刺的回答,喔!一定要告訴我,快腳烏龜,我想知道。

諾雅驚訝的說:你可能不會相信,哈利學會飛了。多馬司以懷疑的眼光看著諾雅說:絕對不是哈利,他是個膽小鬼。除非我親眼看到,否則我不相信。

就在那時,哈利在他們頭上飛過,而他們的兄弟姊妹抬頭,發現哈利在空中飛。他們很快的也加入飛行行列,並恭禧他。那整天,哈利和她的兄弟姊妹一起飛了一天。

哈利在剩餘的夏天日子都與他的兄弟姊妹在空中玩遊戲,並

拜訪一些特殊朋友。他愈來愈強壯。涼爽的天氣來了且秋天景象的各種顏色出現了。現在是哈利首次飛回南方的時候了。對於長途飛行他有點緊張，但是他知道家人會陪他一起飛。出發前，他向諾雅道別。他發現他的朋友都忙著在印地安河畔，建造一個溫暖的家以準備過冬。他擁抱諾雅並說再見。諾雅以肥厚短小的腿儘可能回抱他，並祝他健康，說：我希望明年夏天再見到你。哈利說：喔！當然我會回來的。印地安河是夏天最好的度假勝地，尤其有一個像你這麼好的朋友在此。

　　你知道嗎？哈利在南方過冬。夏天他又回到印地安河。那個夏天，他與其兄弟姊妹和最好的朋友──諾雅一起抓食物，玩耍、嬉笑在一起度過整個夏天。

部 十 分

「建立自尊」諮商聚會活動

　　部分十分為兩節：㈠提供「建立自尊」的活動學習單，及㈡提供每次活動後的家庭作業，即「作業學習單」。

㈠活動學習單

跺活動順序與活動名稱

活動順序	活動學習單名稱
一	氣球
二	我能做任何事……
三	我在何處？……
四	裡—外
五	新聞大標題
六	越過障礙
七	這些是我的願望……
八	我的圖像、過去、現在和未來的自我
九	哈利克服他的害怕

- 有關每一次聚會的「活動目標」、「活動說明」請看部分九。
- 有關每次聚會學習單的進行方式，請依「活動學習單」上的過程說明進行。
- 領導者要切記每一活動要達成的目標，並確實達成。藉家庭作業的實施，使兒童類化於日常生活中。
- 有關「哈利克服他的害怕」故事請看部分九。

一、氣球

活動過程： 1. 領導者發下每人一個氣球。

2. 要求成員講一件發生在他身上事情，此事增加或減少其自尊。

3. 用氣球來說明自尊。告訴小孩，某事「給你好的感覺，且感到驕傲」，或「讓你能抬頭挺胸，站直」就使你的氣球上升。

　　某事「讓你感到傷心，或生氣的感覺」就使你的氣球下降。

4. 領導者要「同理」的傾聽，不判斷，讓成員知道你了解他並接受他的感覺。

　　此時，不做問題的解決，留著以後作為討論或角色扮演的主題。

二、我能做任何事……

活動過程： 1. 從個人的體力、智力、權力、勇氣等不同面，以及
在不同情境之下，想一想自己能做什麼？
2. 填寫下面的空格。

我是無敵鐵金剛

我能用一隻手舉起一座橋

我還能＿＿＿＿＿＿＿＿＿＿

我是個聰明人，稱為＿＿＿＿

我能＿＿＿＿＿＿＿＿＿＿＿

我是皇帝（皇后）……

我能＿＿＿＿＿＿＿＿＿＿＿

我能保持沈默，稱為＿＿＿＿＿，我能＿＿＿＿＿
我是勇敢之神，他們稱我為＿＿＿＿＿，我能＿＿＿＿＿
我是多才多藝的，我能＿＿＿＿＿＿＿＿

三、我在何處！？……

活動過程： 1. 發下工作單。

2. 活動說明：有時候我們隱藏自己的某些部分，而只顯露一些我們願意讓他人看到的。我們這樣做有很多理由，你想出一些理由嗎？

3. 想像這棵樹就是你，而圍繞著樹，是你的一些特性（代表你的各部分。）將像你的特性拉一條線到樹上。將你要隱藏的自己部分或特質拉到樹根部分。你要讓他人看到的部分，就拉線到樹枝上。

你能畫你的另一部分在這裡嗎？它適合在哪裡？

四、裡一外

活動過程： *1.* 說明或一起念下列是你可能想到、感覺到和身體經驗到的事。

2. 使用紅色筆將對你最有影響的項目，聯結到三個圖形上。

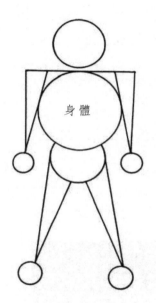

身體

- 吃很多
- 感到緊張
- 咬緊牙齒
- 應該多努力些
- 浪費時間
- 懶散
- 衣衫不整
- 不應冒險
- 睡太多
- 應該更規矩些

- 彎腰駝背
- 咬指甲
- 頭痛
- 抑制
- 肚子痛
- 想別人不喜歡我
- 煩惱未來（明天）
- 假裝沒有（實際有）
- 假裝有（實際沒有）
- 想更壞的事將會發生

想法

3. 說明下面是一些，能幫助你照顧自己的建議。

將對你最有益的項目，以綠色筆聯結到三個圖形。

- 交朋友
- 放鬆
- 看電視
- 要求協助
- 接受我的錯誤
- 告訴自己是可愛的、能幹的
- 跟他人談話

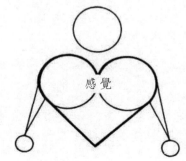

感覺

- 聽音樂
- 從 1 數到 10
- 洗澡
- 閱讀書（課外）
- 做點心
- 呼氣 10 次（像吹熄蠟燭）
- 散步

五、新聞大標題

活動過程：要求成員回憶一下，從過去到現在，他曾犯過的一件
最嚴重，印象最深的事。並將內容寫在方形格內。並
回答下面問題。

> 我叫＿＿＿＿＿＿＿，何時，何地犯了一個錯誤＿＿＿＿＿
> ＿＿＿＿＿＿＿＿＿＿＿＿＿＿＿＿＿＿＿＿＿＿＿＿＿

很多人說＿＿＿＿＿＿＿＿＿＿＿＿＿＿＿＿＿＿＿＿＿＿＿
然而，少數人說＿＿＿＿＿＿＿＿＿＿＿＿＿＿＿＿＿＿＿＿
結果事實的真相是＿＿＿＿＿＿＿＿＿＿＿＿＿＿＿＿＿＿＿
最後的結果是＿＿＿＿＿＿＿＿＿＿＿＿＿＿＿＿＿＿＿＿＿
這個犯錯事件給我的正向意義是＿＿＿＿＿＿＿＿＿＿＿＿＿

▌範例

新聞大標題

> 小朋友，想想看，從小到大，有沒有犯過什麼相當嚴
> 重的錯，把你印象最深刻的經驗，寫在表格內

我叫小華於（何時）小學一年級　地點　家中
犯下　偷拿媽媽的口紅，把房間的牆壁畫得亂七八糟
對於我的犯錯，很多人都說　這是不對的，沒有經過別人同意，
不可以亂拿別人的東西喔！
然而，少數人說　小孩子不懂事
其實事情的真相是　因為我那時候很想畫畫，剛好看到媽媽口
紅顏色很漂亮，所以才拿來畫畫看的！
最後的結果是　被罰跪
這個經驗給我的正向意義是　媽媽跟我說想畫畫可以跟她說，
她會給我很漂亮的彩色筆或鉛筆畫在白紙上，我知道以後有事
一定要先跟媽媽說，先問媽媽，媽媽是最疼我的！

六、越過障礙

活動過程： 1. 告訴成員改變主意是可以的。

2. 改變主意的意思是指，發現哪些妨礙你探討新的或不同的經驗，和做新的與不同抉擇的阻力？

3. 對下面三組活動作選擇，並說明原因。

4. 誰，或什麼，是你所需要的，以便你能改變主意？

─ 越過障礙 ─

你寧願爬過一個長又黑漆漆的隧道而到世上最有趣的公園

或者與一個友善的獅子玩耍

或者
在寬廣的道路上開車

你寧願
駕駛（坐）飛機

你寧願
坐在有活蝸牛的桶子上

或者
走過有（無害）蛇洞的狹窄橋上。

七、這些是我的願望

活動過程： *1.* 發下工作單。

2. 要求成員想像一下自己，並填寫三個願望：

> ─ 這些是我的願望…… ─

願望 *1.* 今日＿＿＿＿＿＿＿＿＿＿＿＿＿

＿＿＿＿＿＿＿＿＿＿＿＿＿

願望 *2.* 明日＿＿＿＿＿＿＿＿＿＿＿＿＿

＿＿＿＿＿＿＿＿＿＿＿＿＿

願望 *3.* 未來＿＿＿＿＿＿＿＿＿＿＿＿＿

＿＿＿＿＿＿＿＿＿＿＿＿＿

八、我的圖像、過去、現在和未來的自我

活動過程： *1.* 圖片說明：依人生發展的每一個階段，填寫下面三
件事：

(1)你已經成就了什麼？或希望成就什麼？

(2)你需要誰的幫助？或什麼幫助？

(3)在你的發展階段作記號（或打勾）。

2. 分享：

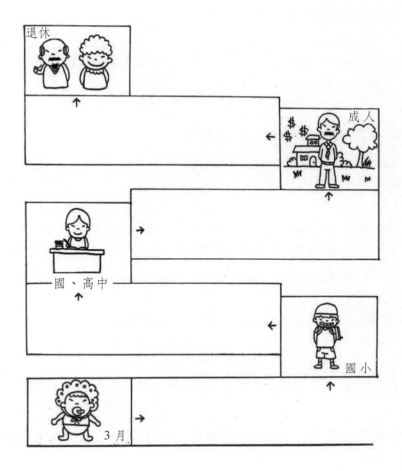

九、建立自尊總複習活動：哈利克服他的害怕

活動過程： 1. 醞釀一種輕鬆的、支持的氣氛。

2. 錄音或唸出「哈利克服他的害怕」故事。

3. 回答學習單上的問題，並討論。

4. 9 題中，以 5、6、7、8、9 為最重要。

回答下面問題與分享：

1. 過去你一直害怕什麼？

_____

2. 假如你嘗試會發生什麼？

_____

3. 想一想，什麼時候你第一次不敢嘗試新事情，但嘗試後你成功了或做得好。

_____

4. 成功了以後，你的感覺如何？

_____

5. 故事中，哈利認為自己比其他鴨子弱小，你有哪些弱點呢？

_____

6. 當其他鴨子嘲笑他時，哈利感到傷心。你能想出是否有時其他小孩會捉弄你，你的感覺如何？請分享這些經驗的想法與感覺。

_____

7. 目前，你有何種活動或任務想去嘗試的，但是一直害怕去嘗試的嗎？

_____

8. 為克服你的害怕，你能做什麼？

_____

9. 誰能像諾雅，那樣的鼓勵哈利和對他有信心的幫助你呢？

_____

㈡建立自尊「作業學習單」

　　作業學習單的實施很重要，它能促進兒童將所學的應用於平日的生活中。家庭作業的執行確有困難，領導者最好能將它加入「增強制」中，即有完成「作業學習單」者酬賞。

&8&8 活動與其相對應的作業單

活動名稱	作業學習單名稱
我能做任何事……	天生我才必有用
我在何處？……	我是一個怎麼樣的人？
裡─外	認識自己、幫助自己
新聞大標題	新聞大標題
越過障礙	越／過／障／礙
這些是我的願望……	這些是我的願望
我的圖像、過去、現在和未來的自我	《我的圖像》─過去、現在、未來

・以上適用於兒童每週一次諮商聚會活動，所以每週有一張作業學習單要完成。
・兒童諮商活動聚會頻數最好要一次以上，即每週兩次較好。

一、天生我才必有用

　　小朋友，「天生我才必有用」，你一定也有許多才能還沒有展現出來，多去嘗試或思考，會發現多才多藝的自我喔！

	德	智	體	群	美
日　期	幫媽媽做家事	考試成績進步了	無	幫了同學的忙	

二、我是一個怎麼樣的人呢？

小朋友！平時的你是怎樣的人呢？想一想，把自己每一天裡最深刻的事情記錄下來。

寫寫自己當時的心情，這個心情是你想讓別人看到的？還是你想隱藏不讓別人看到的？

再給自己的表現，取一個名字，說說為什麼要給自己取這個名字吧！

日期	例子	星期	星期	星期	星期	星期	星期
事件	跌倒受傷						
我當時的心情	難過的						
這個心情是我想藏起來的？（隱藏）或我讓人看到的？（表現）	☑隱藏 □表現	□隱藏 □表現	□隱藏 □表現	□隱藏 □表現	□隱藏 □表現	□隱藏 □表現	□隱藏 □表現
我表現的行為像什麼？	堅強的不倒翁						
為什麼？	不想讓別人擔心。						

三、～認識自己・幫助自己～

　　每天睡覺前，將這個表拿出來，想一想，今天有沒有發生讓自己不開心的事，根據下表仔細想想自己在「身體」、「感覺」及「想法」上有什麼缺點，是什麼原因產生的？你覺得可以怎麼解決及避免。

	身體 😊	感覺 ♥	想法 ...☁	發生原因及幫助自己的方法
例子：	咬緊牙齒	感到緊張	想別人不喜歡我	原因：今天跟同學吵架 解決：告訴自己是可愛的
	😊	♡	...☁	
	😊	♡	...☁	
	😊	♡	...☁	
	😊	♡	...☁	
	😊	♡	...☁	
	😊	♡	...☁	

身體：吃很多、咬緊牙齒、衣衫不整、睡太多、彎腰駝背、咬指甲、頭
　　　痛、肚子痛、僵硬
感覺：感到緊張、抑制、生氣、難過、沮喪
想法：該多努力一些、浪費時間、懶散、不應冒險、應更規矩些、想別人
　　　不喜歡我、煩惱未來、想更壞的事將會發生
幫助自己的方法：接受協助、放鬆、聽音樂、洗澡、接受我的錯誤、告訴
　　　　　　　　自己是可愛能幹的、散步、呼吸 10 次、看電視

四、新聞大標題

人人都會犯錯

　　各位小朋友，讓我們來記錄每天犯的錯誤。其實犯錯的經驗也會有正向的意義喔！假如都沒犯錯，就不必記錄。但還是要仔細想一想喔！

日期 事件	星期	星期	星期	星期	星期
範例	我未經許可拿小華的鉛筆				
很多人說	那是不應該的				
然而少數人說	為了急用偶爾一次沒關係				
事實真相是	我一時的疏忽，隨手就拿				
最後結果	小華生我的氣，不跟我玩				
正向意義	要先求准許，才不會失去朋友，從此以後我不會再犯了				

五、越／過／障／礙

★相信各位小朋友已經了解到遇到障礙時，可以考慮做冒險，彈性思考，以突破障礙。讓我們來檢視一下未來一週，你有沒有什麼突破呢？如何處理的？什麼原因使你願意突破呢？

	有什麼突破	你的處理方法	願意突破的原因
例子	本來不會的數學題目，現在會了	問同學	不會的話，考出來就不會寫了。
	本來不會騎腳踏車，現在會了	家人陪我練習騎腳踏車	因為別人都會騎。
星期			
星期			
星期			
星期			
星期			
星期			

Trust me. You can make it!

六、～描繪自己的未來～

　　你希望未來的自己是什麼樣子的呢？用畫筆畫下你的夢想和期待吧！！！

例如：我希望能夠天天去籃球場打球。因為我很喜歡打籃球。

我希望 _____

我希望 _____

我希望 _____

我希望 _____

我希望 _____

畫出未來的自己……

七、《我的圖像》──過去、現在和未來的自我

☆小朋友，不管是過去、現在，還是未來的成長階段中我們都有想要達到的成就與目標。

☆想想過去與未來的小成就：從德、智、體、群等方面去想。

　例如：

　德：過去撿到東西拿去歸還人家；未來目標──絕不作弊。

　智：過去克服了對數學的害怕、得到好成績；未來──成為數學家。

　體：過去學會跳高、打籃球；未來──成為國家球隊。

　群：過去幫助他人、我有好多朋友；未來──成為人緣好的人。

★請你想一下，你過去的小成就，和未來目標，並填寫在表格上。

德育	過去： 未來目標：
智育	過去： 未來目標：
體育	過去： 未來目標：
群育	過去： 未來目標：

Block. J. H. & Block. J .H.

(1980). "The role of ego control and ego resiliency in the organization of behavior" in W. A. Collins (eds.), *Development of Cognition, Affect, and Social relations, The Minnesota Symposia on child psychology* (vol.7). Hilsdale: N. J.: Lawrence Erlbaum Associates.

Cartledge, G. & Milburn, J. M.

(1995). *Teaching social skills to children and youth* (3rd ed.). Allyn & Bacon.

Coopersmith, S.

(1967). *The Antecedents of self esteem*. San Francisco; Freeman.

Coopersmith, S.

(1975). *Studies in self-esteem*. In readings from Scientific American. San Francisco; W. H. Freeman.

Cowen, E. L., Pederson, A., Babigan, H., Izzo, L. D., & Trost, M. A.

(1973). Long-term follow-up of early detected vulnerable children. *Journal of Consulting & Clinical Psychology, 41*, 438-446.

Deldard, K. & Geldard, D.

(1997). *Counseling children: A practical introduction*. SAGE Publications Ltd.

Ellioit, S. N. & Gresham, F. M.

(1987). Children's social skills: Assessment & classification practices. *Journal of counseling & development, 66*, 96-99.

Faust., V.

(1968). *The counselor-consultant in elementary school*. Boston Houghton Mifflin.

Gazda, G. M.

(1989). *Group counseling: A developmental approach*. (4th ed.) Boston: Alley & bacon.

Goldstein, A. P., Carr, E. G., Davison, W. S., & Wehr, P.

(1981). *In response to aggression*. N. Y.: Pergamn Press.

Goldstein, A. P., Gershaw, N. J., & Sprafkin, R. P.

(1993). *Social skills for mental health: A structured learning approach*. Allyn & Bacon.

Goldstein, A. P., Sprafkin, R. P., & Gershaw, N. J.

(1976). *Skill training for community living: Applying structured learning therapy*. New York: Pergamn Press.

Goman, E.

(1996). *Emotional Intelligence*. London: Bloomsbury.

Gresham, E. M.

(1986). Conceptual issues in the assessment of social competence in children. In P. Strain, M. Guralnick, & H. & H. Walker. (ed.), Children's social behavior. *Development, Assessment, & Modification* (pp.143-179). New York: Academic Press.

Gresham, E. M. & Reschly, D. J.

(1987). Issues in the conceptualization, classification, and assessment of social skills in the mildly handicapped. In T. Kratochwill (ed.), *advanced In School Psychology* (pp.203-264). Hillsdale, N. Y.: Lawrence Erlbaun.

Hartup, W. W.

(1983). Peer relations, In E. M. Hetherington (ed.), *Handbook of child psychology (vol.4): Socialization, Personality & Social Development* (pp. 103-108). New York: Wiley.

Keat, D. B.

(1974). *Fundamentals of child counseling*. Houghton Mifflin, Company.

L'Abate, L. & Milan, A. M.

(1985). *Handbook of social skill training and research.* John Wiley & Sons Inc.

Lazarus, A. A.

(1990). Multimodal applications & rescarch: a brief overview & update. *Elementary School Guidance & Counseling, 24*, 243-247.

Merrell, K. W.

(1994). *Assessment of behavioral, social, & emotional problems, Long-man.* Hranitz, J. R. & Eddowes, E. A.

Miller, D. M. & Neese, L. A.

(1996). Self-esteem and reaching Out: implications for Service Learning. *Professional School Counseling.* 1: 2, December ASCA.

Morgan, R. C.

(1980). Analysis of social skills: The behavior analysis approach. In W. T. Singleton, P. Spurteon, I. R. Stammers (eds.), *The analysis of social skills*. New York: Plenum Press.

Nelson, J. R., Dykeman, C. Powell, S., & Petty, D.

(1996). The effects of a group counseling intervention on students with behavioral adjustment problems. *Elementary School Guidance & Counseling, 3*, 21-31.

Reschy, D. J.

(1990). Observation in the assessment of childhood disorders In M. Rutter, A. H. Tuna, L. S. Lann (eds.), *Assessment & diagnosis of child psychopathology* (pp.156-195). New York: Guilford Press.

Rhodes, N., Rasmassen, d., & Heaps, R. A.

(1971). Let's communicate: a program designed for effective communication, presented at *American Personnel & Guidance Association.*

Stephens, T. M.

(1978). *Social skill in the classroom*. Columbus, OH: Park Press.

Terkelson, C.

(1976). *Parent-child communication skill program*. Elementary School Guidance & Counseling.

Vander, Kolk, C. J.

(1985). *Introduction to group counseling & psychology*. Charles E. Merrell Publishing Company.

Walker, H. M., McConnell, S., Halmes, D., Todis, B., Walker, J., & Golden, N.

(1983). *The Walker social skill curriculum*. Austin, TX: Pro-Ed.

Warner, E. E.

(1989). "High risk children in young adulthood: A longitudinal study from birth to age 32", *American Journal of Orthopsychiatry, 59*(1): 72-78.

國家圖書館出版品預行編目資料

兒童諮商實務導論：兒童EQ教育與社會技巧訓
練／黃月霞著. ——三版.——臺北市：五
南圖書出版股份有限公司, 2024.02
面； 公分
ISBN 978-626-343-869-9（平裝）

1.CST: 兒童心理學 2.CST: 諮商 3.CST:
教育輔導

173.1   112002423

1BY1

兒童諮商實務導論
兒童EQ教育與社會技巧訓練

作　　者 ― 黃月霞（292）

發 行 人 ― 楊榮川

總 經 理 ― 楊士清

總 編 輯 ― 楊秀麗

副總編輯 ― 王俐文

責任編輯 ― 金明芬

封面設計 ― 姚孝慈

出 版 者 ― 五南圖書出版股份有限公司

地　　址：106台北市大安區和平東路二段339號4樓

電　　話：(02)2705-5066　傳　真：(02)2706-6100

網　　址：https://www.wunan.com.tw

電子郵件：wunan@wunan.com.tw

劃撥帳號：01068953

戶　　名：五南圖書出版股份有限公司

法律顧問　林勝安律師

出版日期　2005年2月初版一刷
　　　　　2022年3月二版一刷
　　　　　2024年2月三版一刷

定　　價　新臺幣400元

經典永恆・名著常在

五十週年的獻禮——經典名著文庫

五南，五十年了，半個世紀，人生旅程的一大半，走過來了。

思索著，邁向百年的未來歷程，能為知識界、文化學術界作些什麼？

在速食文化的生態下，有什麼值得讓人雋永品味的？

歷代經典・當今名著，經過時間的洗禮，千錘百鍊，流傳至今，光芒耀人；

不僅使我們能領悟前人的智慧，同時也增深加廣我們思考的深度與視野。

我們決心投入巨資，有計畫的系統梳選，成立「經典名著文庫」，

希望收入古今中外思想性的、充滿睿智與獨見的經典、名著。

這是一項理想性的、永續性的巨大出版工程。

不在意讀者的眾寡，只考慮它的學術價值，力求完整展現先哲思想的軌跡；

為知識界開啟一片智慧之窗，營造一座百花綻放的世界文明公園，

任君遨遊、取菁吸蜜、嘉惠學子！